RINA NANBA
REAL CAFES STORY

アスペクト

純喫茶へ、1000軒

難波里奈

アスペクト

はじめに

純喫茶に夢中になって十数年。

長い間飽きることなく、日常や、また旅先で出会った純喫茶を訪れ、ただ静かに、そちらで珈琲を飲んでは、色々な方たちと生活のひとときを共有してきました。

普段足を運ぶお店では、いつも見かけるけれど名前を知らない、やさしい常連の方と交わすちょっとした会話を楽しみます。旅先では、知らない土地の美味しいお店や、ガイドブックには載っていない面白い場所を教えてもらうことができます。

一日のうち15時間くらいは純喫茶のことを考えていて、たまに夢に見る日もあるので、24時間ほとんどずっと、頭のどこかに純喫茶のことが浮かんでは消えて……。そんなふうに過ごしています。

純喫茶に夢中になったきっかけは、当時好んで購入していた古着の、かわいいワンピースを着るたびに「背景や空間も着替えることができたなら」と思い、ちょうど入った純喫茶がそのイメージにぴったりの場所だと気付いたこと。また、東京喫茶店研究所初代所長でいらっしゃった沼田元氣さんの著書で、喫茶店の世界に関心を抱いたことです。

そんなふうに過ごしていたら、いつの間にか1300軒以上の純喫茶に足を運んでいました。この本には、その中から1002軒の記憶を。言い換えれば、1002人のマスターの個性の表れでもある喫茶人生を振り返るようなつもりで。

誰もが何かと慌ただしい毎日ですが、「活ける昭和」の博物館のようでもある純喫茶で入場料替わりに珈琲やクリームソーダを。日常とは違うゆったりとした時間を味わいに、お出掛けしてみるのはいかがでしょうか?

目次

SONY
1964 TOKYO OLYMPIC

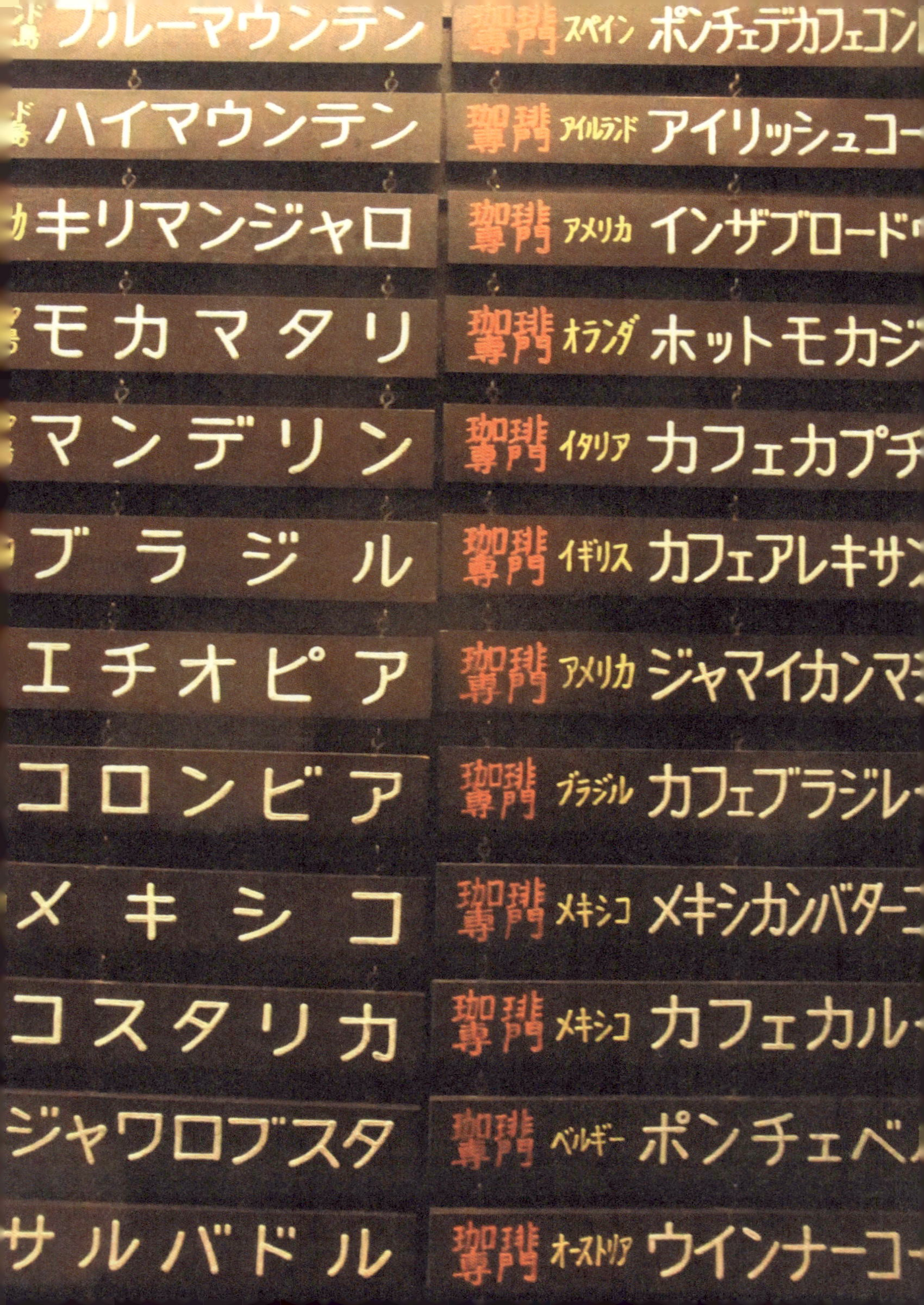

ブルーマウンテン
ハイマウンテン
キリマンジャロ
モカマタリ
マンデリン
ブラジル
エチオピア
コロンビア
メキシコ
コスタリカ
ジャワロブスタ
サルバドル
珈琲専門 スペイン ポンチェデカフェコン
珈琲専門 アイルランド アイリッシュコー
珈琲専門 アメリカ インザブロード
珈琲専門 オランダ ホットモカジ
珈琲専門 イタリア カフェカプチ
珈琲専門 イギリス カフェアレキサン
珈琲専門 アメリカ ジャマイカンマ
珈琲専門 ブラジル カフェブラジル
珈琲専門 メキシコ メキシカンバター
珈琲専門 メキシコ カフェカル
珈琲専門 ベルギー ポンチェベ
珈琲専門 オーストリア ウインナーコー

¥58
シナモン入り、スプーン代りにシナモンスティックで
レキサンダー ¥58
とブランデー入り
レ ¥52
分づつ
¥52

TEA
ROOM
Open

入口の階段を照らす
豪華なシャンデリア。

№ 2

タンポポ

路面電車の音が
聞こえる窓際の席。

№ 01

街の喧騒から逃れ懐かしいながらも新鮮な昭和空間へタイムスリップ

「初めて純喫茶を訪れるならどこがいいですか?」という質問を受けたなら、まずこちらをお薦めします。その理由は、映画のロケ地として頻繁に使用される昭和レトロを満喫出来ること、上野という大きな駅にあってわかりやすいこと。さらに、地下ですが十分な広さがあり、よほど混み合う時間帯でない限り好きな席に座れること、などです。

豪華なシャンデリア、螺旋階段、ゲーム筐体のテーブル、ステンドグラスなどは眺めているだけでも楽しい。また、気配りはありながらも、つかず離れずの接客が心地良く、緊張せずに過ごせます。純喫茶へ行くとつい食べたくなるナポリタンも王道のルックス。太麺に玉ねぎ、ピーマン、ベーコンに、甘めのケチャップがたっぷり。家で作ってもなかなか再現出来ないナポリタンは喫茶店の数だけ味もありますが、こちらの味はほとんどの人が好きではないでしょうか。

クリームソーダにチョコレートパフェ、懐かしいメニューもきちんと美味しい。昭和の古き良き部分を残しながらも、時代の流れに沿って時間を重ねているのも人気の理由なのでしょう。

ちなみに、1982年までお茶の水・駿河台上にあった、日本一を誇りアジア最大とも言われた巨大名曲喫茶の「名曲珈琲 丘」は、こちらの親族が経営されていたとのこと。

Data☛

東京/上野
丘
東京都台東区上野六—五—四　尾中ビルB1F
○三—三八三五—四四○一

No 02

路面電車の行先は、白い髭の温和なマスターのいるところ

旅先で訪れる純喫茶は、いつも気まぐれで見つけますが、数年前に阪堺電車の窓から視界に入った純喫茶は違いました。そのお店の佇まいがなぜか忘れられず、まっすぐ目指して訪ねました。変わらず営業してくれているだろうか、そんな不安と共に電車に揺られ、憧れの場所へ急ぎます。

線路からほど近くにあるその店は、最初に見た時に戻ったかと思えるほど、記憶のままの様子でそこに存在していて、嬉しさではやる気持ちを少しだけ抑えて、扉を開けました。

カウンター席に座っていたマスターがにっこり「いらっしゃい」とお出迎えしてくれます。幸運なことに店内に先客はなく、しばしの間、なんと、私がひとり占めという贅沢。

もともとはホテルの喫茶部に勤めていたという松本さんは、10年ほど修業をしたのちに独立し、開店。

松本さんの指示により設計された店内は、控えめな音量のテレビ、壁に貼られたメニューの文字、ドアの花柄のシール、歴史の染み込んだ椅子などのほか、マスターの雰囲気も含めた全てが美しい。「激しく生きるタイプではないからのんびりとね」と穏やかに笑い、「来てくれる人たちとのおしゃべりが楽しみ」と。ここで朝から晩まで過ごせたなら……。そんな思いにふける時間は、夢のようでした。

Data

大阪／住吉
タンポポ
大阪府大阪市住吉区東粉浜三―一〇―八
〇六―六六七二―五〇七一

少し段差をつけた入口は雪国ならではの工夫。

№ 3 ちんちら

№ 4 物豆奇

マスターこだわりの外観は洋館のよう。

ママさんが、ペアソーダをこの二色にした理由とは……。

喫茶
ジュリアン

№ 5 ジュリアン

全てスピーカーに向かって並ぶ椅子たち。

№ 6 ライオン

№ 03

三ツ矢サイダーのレトロなグラスで青いソーダ水を

蔦の絡まる外観、抜け落ちた看板の文字。重厚なカウンター席に並ぶサイフォンを眺める。光の射し込む窓際にはテーブル席がふたつ。いつもなら珈琲を頼む人でも、こちらではソーダ水を注文されることをお薦めします。星印が光る懐かしい三ツ矢サイダーのレトロなグラスに注がれる青色のソーダ水を眺めるときめき。昔、富山市の川沿いにあった純喫茶に惚れ込んだママが、そちらを参考にご自身のお店を開いたのだという。

愛着のあった店は、残念ながら諸事情により、なくなってしまったのですが、備品等はそのまま使用し、近隣でふたたび開店する予定とのこと。

Data

富山／千石町
ちんちら
富山県富山市清水元町五－四
〇七六－四二五－二七六七

№ 04

珈琲を飲むだけではなく空間を楽しむためにあると思わせる骨董品の数々

たくさんの骨董品が並ぶ琥珀色の空間は、以前のオーナーが、今はなき国立の純喫茶「邪宗門」に憧れ、相当な労力を費やして作ったとか。壁に掛けられた時計は全て違う時間を指していますが、現実の時間と合っているものもいくつか。そこには、慌ただしい日々を過ごしていても、せめてここにいる間は時間を気にせずゆっくりと過ごしてほしいというマスターの願いが込められています。

注文後に豆を挽いてくれる珈琲はやさしい味。珈琲と本はいうまでもなく相性が良いものですが、まさにこちらの魅力は隣が書店であること。反対の隣が花屋というのも美しさを感じます。

Data

東京／西荻窪
物豆奇（ものずき）
東京都杉並区西荻北三－一二－一〇
〇三－三三九五－九五六九

№ 05

レンガの丸窓3つとペアソーダの誘惑が細い路地の向こうに

勝手に「純喫茶小路」と名付けた藤沢駅近くの細い路地では、これらの貴重なお店が営業を続けてくれていることに感謝です。近づくと、丸く切り取られた窓が3つ並んだ外観に期待が高まります。

歴史を感じさせるメニューサンプルのある店内は、映画のワンシーンでも使用されたとか。スパゲッティやドリアも気になりますが、こちらに来たら必ず注文したいのがペアソーダ。仕切りのあるグラスに、鮮やかな桃色と緑色のソーダ水が半分ずつ。上にもそれぞれ生クリームとアイスクリームが。何とロマン溢れる飲み物でしょう。この2色にした理由をママに尋ねたら「かわいいから」とのこと。

Data☚

神奈川／藤沢
ジュリアン
神奈川県藤沢市藤沢一一〇
〇四六六－二二－七九五五

№ 06

巨大なスピーカーから大音量で流れる名曲にくるまっていたい

居心地の良さを求めて、開店と同時に多くの人が、この、名曲喫茶という静かな異空間の扉を開けます。店内には青の照明が灯り、巨大なスピーカーに向かって椅子が並びます。席に着くと月毎の演奏曲目を記すパンフレットが配られ、そこには「帝都一のステレオ設備」と書かれています。

静かに店を守るママのお薦めの席は1階の一番前。ちなみに、毎日、音響の調整をしていて座席ごとに音が違うのだとか。大音量の名曲にくるまっていると気持ちが落ち着いていきます。渋谷の雑踏の中、喧騒から逃れて、今までどれだけの人が、気持ちをほぐすためにこちらを目指したのでしょう。

Data☚

東京／渋谷
ライオン
東京都渋谷区道玄坂二－一九－一三
〇三－三四六一－六八五八

№
7
六曜社一階

№
8
ヴィオロン

№
9
マロニエ

№
10
らんぶる

№
11
珈琲 冨士

№
12
万定フルーツパーラー

№
13
ボンボン

№
14
エース

№ 07

珈琲好き、喫茶店好き、ドーナツ好きの間ではよく知られる有名店

数年前から、地下店の奥野マスターのご子息、薫平さんが1階にてさわやかな笑顔で迎えてくれるようになりました。珈琲が美味しいことは言うまでもありませんが、くつろげるのがいい純喫茶、という視点でも満点の空間。1階と地下、どちらへ？と迷ったら、2軒のはしごがお薦めです。

Data☚

京都／河原町
六曜社 一階
京都府京都市中京区河原町通
三条下ル大黒町
075-221-3820

№ 08

今では貴重な存在の名曲喫茶にはマスターこだわりのスピーカーが

飲み物を注文すれば何時間でもいられるばかりか、出入りも自由。日中は、店内中央にあるマスターこだわりのスピーカーから美しい音楽が流れ、夜にはコンサートが行われます。「クラシック音楽を楽しんでもらいたい」という気遣いが嬉しい。珈琲にブランデーを入れてくれるサービスも。

Data☚

東京／阿佐ヶ谷
ヴィオロン
東京都杉並区阿佐谷北 2-9-5
03-3336-6414

№ 09

憧れの世界とはこの扉を開けた向こう側にあるのかもしれない

誰もが温泉に向かう地域でも、私はひとり、純喫茶を目指して人気のないほうへ。突然現れた一軒家。花柄の壁紙、赤いベロアのソファ、白いレースのカーテン、頭に果物を載せた少女のレリーフ。旅よりもずっと遠くへ来てしまったようで、ここに閉じ込められていたい、と思った午後。

Data☚

栃木／鬼怒川温泉
マロニエ
栃木県日光市鬼怒川温泉大原 1407-2

№ 10

新宿の真ん中で250席の広さを誇る、まるで舞踏会会場のような名曲喫茶

地下へ降りると曲線を描く階段と赤いベロアのソファが視界に飛び込んできます。流れるのはもちろんクラシック。食事が済むとすぐに片付けをしてくれるのは、テーブルの上を広く使い、ゆったりと過ごしてほしいから、との気遣い。現在の店長が私の昔からの友人であると知り、驚きました。

Data☚

東京／新宿
らんぶる
東京都新宿区新宿 3-31-3　1F・B1F
03-3352-3361

№ 11

路面電車に揺られて地元住民にも愛される美しい店へ

昔、長崎市内に何軒もあった「珈琲 冨士男」の系列店で、オーナーの交代に際し、「冨士」と店名を変更、その名残が入口の扉に。1本足の素敵なデザインの椅子が並ぶ琥珀色の空間は、禁煙席と喫煙席に分かれているのも嬉しい。気が利くママと常連客の間で飛び交う長崎弁が心地良い。

Data

長崎／新大工町
珈琲 冨士
長崎県長崎市新大工町 2-19
095-823-1088

№ 12

大正時代から現代まで、ゆったりとした時間の流れを刻んできた空間

大学の近くにある純喫茶は素敵な店が多いと常々思っています。もし、私が東大に通っていたならば、胸を高鳴らせて毎週のようにこちらへカレーを食べに行くでしょう。それは、先代のレシピを守って作られている、ここにしかない特別な一品。昭和初期から使用されているレジスターも必見。

Data

東京／本郷
万定フルーツパーラー
東京都文京区本郷 6-17-1
03-3812-2591

№ 13

クマのキャラクターが目印 地元の人たちに愛される ケーキが美味しい洋菓子店

「お菓子を通じて、たくさんのお客様に幸福な時間とホッとするひとときをお届け出来るよう」というポリシーの通り、丁寧に作られたケーキは良心的な価格で美味しい。東郷青児の絵が飾られた赤い椅子が特徴的な喫茶室では、制服を着たウェイトレスがにこやかな接客でもてなしてくれます。

Data

愛知／名古屋
ボンボン
愛知県名古屋市東区泉 2-1-22
052-931-0442

№ 14

純喫茶好きをみんな連れて行きたい、「好き」という言葉では語りきれないお店

迷ってしまうほど種類の多い珈琲、オレンジと白の配色が映えるレトロな店内。「のりトースト」という不思議なメニューを求め、全国からたくさんの人が訪れます。自信を持って誰にも薦めたい特別な場所。「ただいま」と言いたくなる、マスター兄弟のやさしい笑顔に会いたくて今日も寄り道を。

Data

東京／神田
エース
東京都千代田区内神田 3-10-6
03-3256-3941

魅惑の純喫茶マッチ

01

純喫茶における
マッチ箱とは、
映画館でいうところの
チケットの半券、もしくは
旅先で自分のために買う、
ちょっとした土産物のような
存在だと思っています。

広島・パール

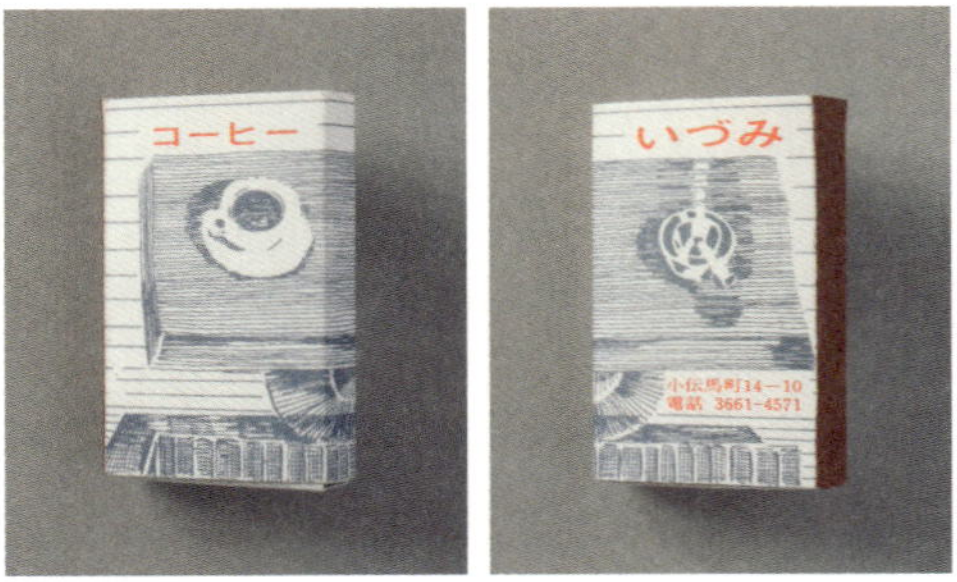

小伝馬町・いづみ

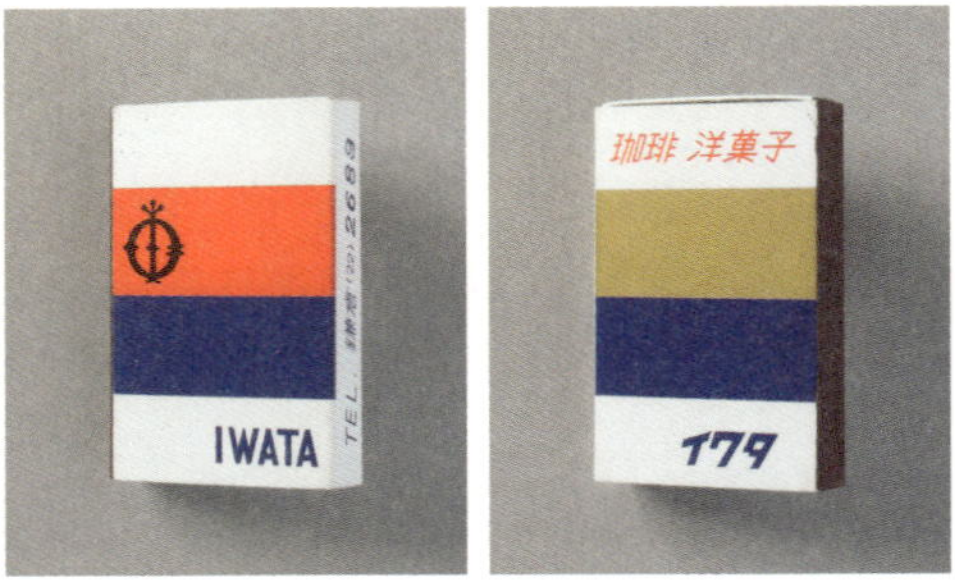

鎌倉・イワタ

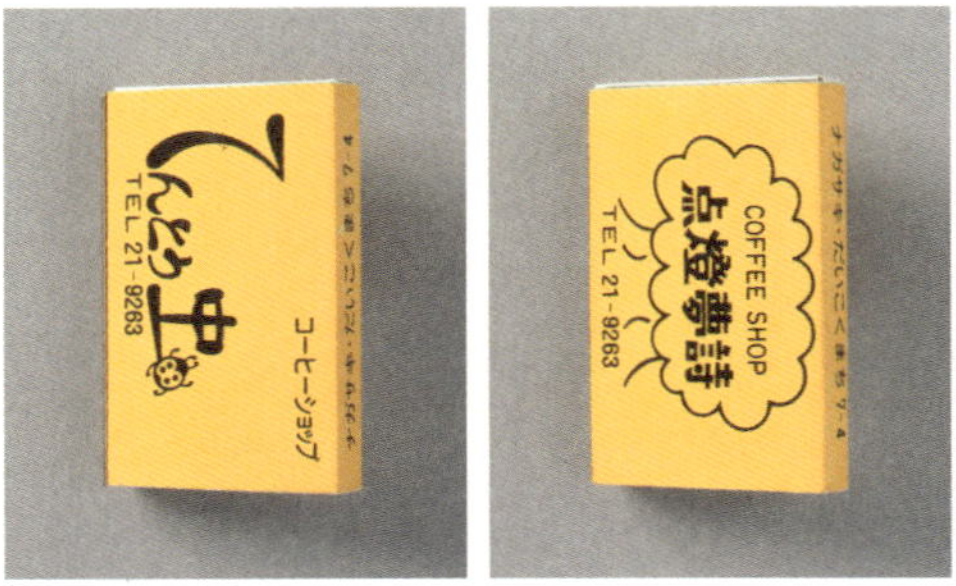

長崎・点燈夢詩

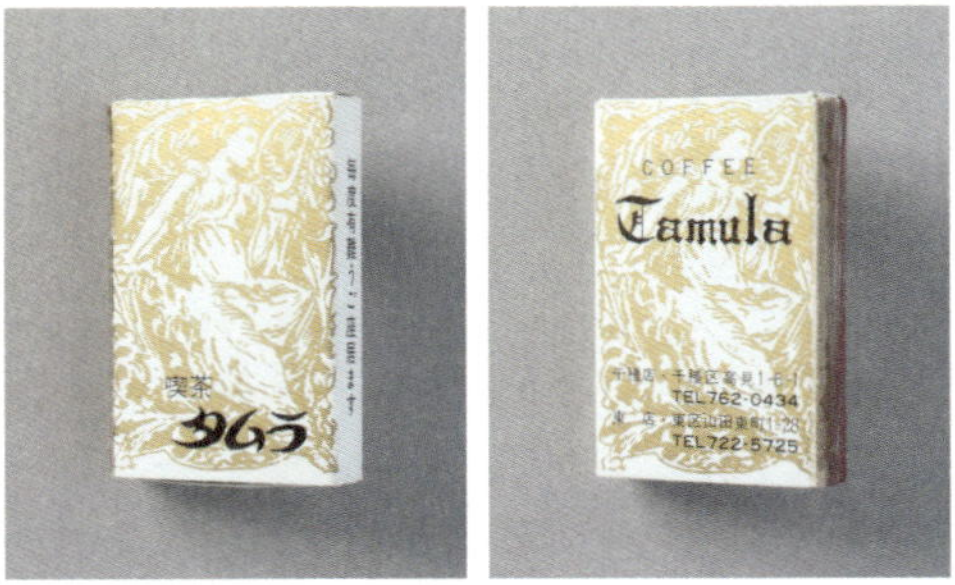

名古屋・タムラ

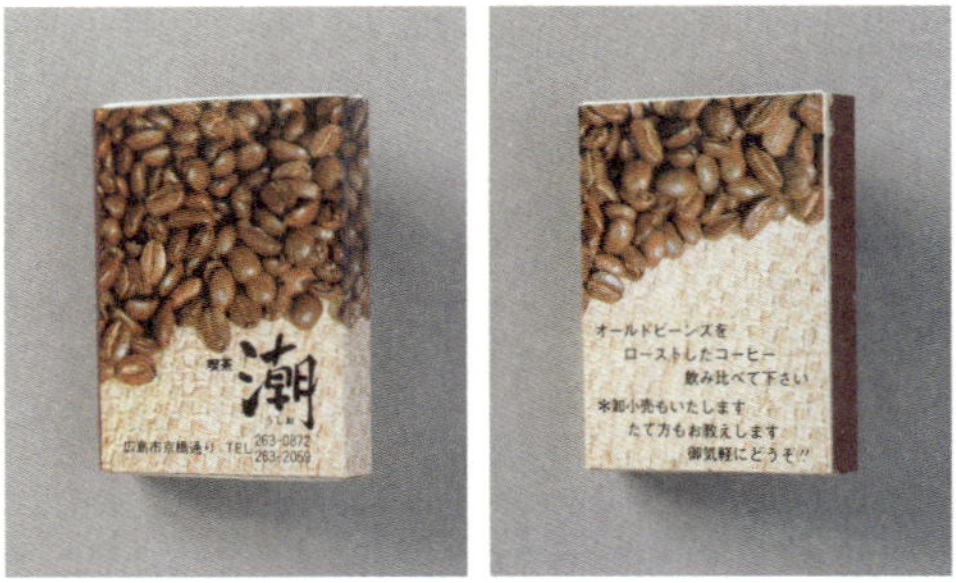

広島・潮

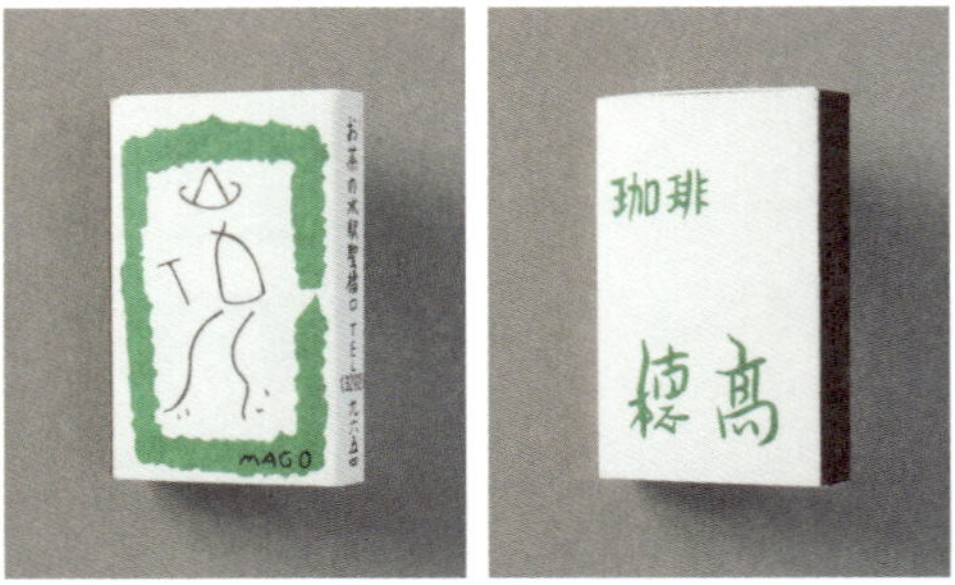

御茶ノ水・穂高

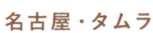

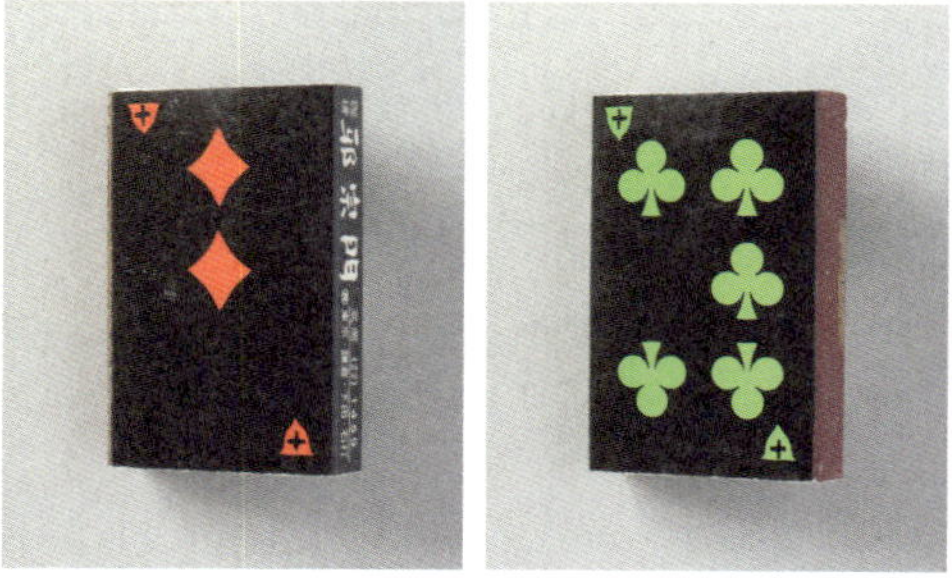

三軒茶屋・邪宗門

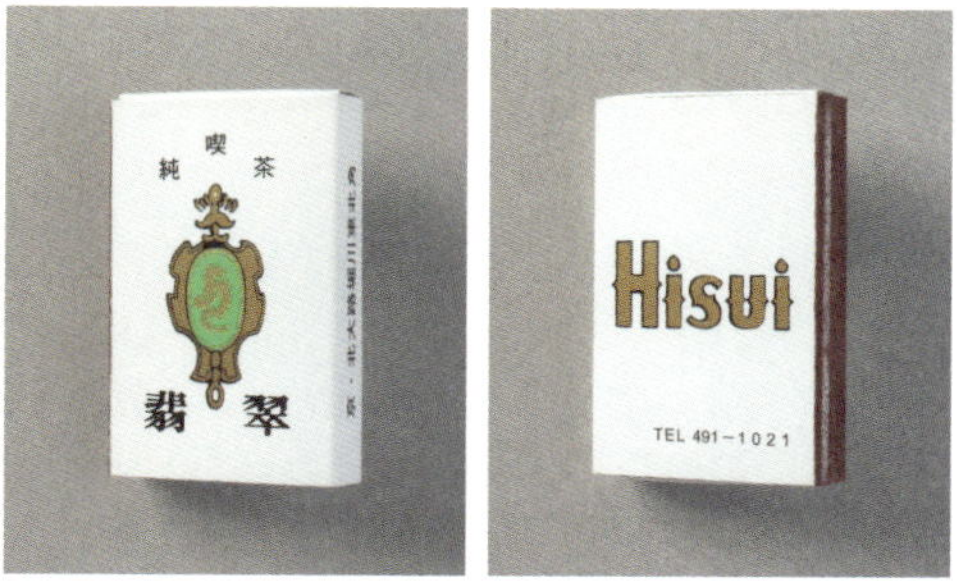

京都・翡翠

高崎・コンパル

大阪・潮騒

大森・珈琲亭

成田・チルチル

岡山・ニューリンデン

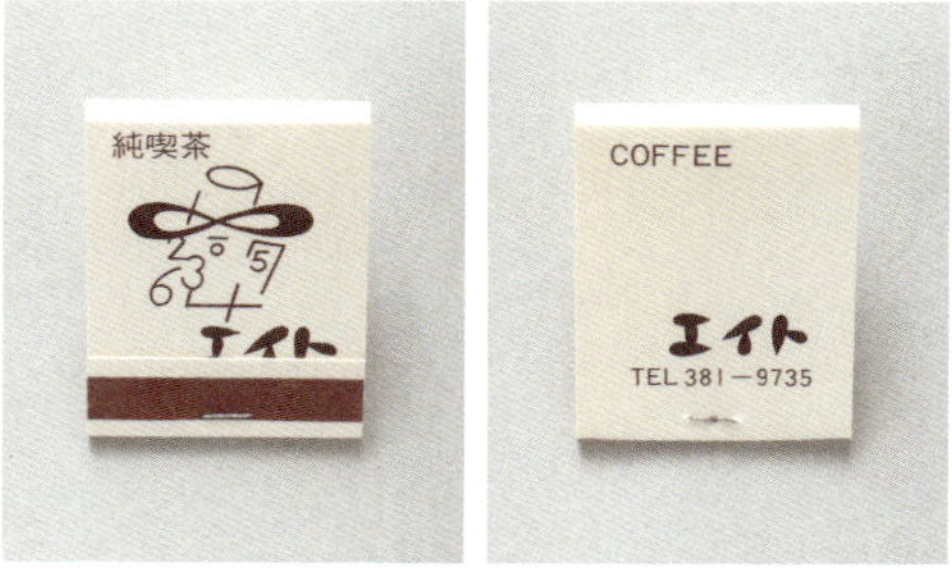

新中野・エイト

純喫茶に
魅せられて
01

テーブルに、窓に、壁に。様々な［色］に包まれた虹の空間

純

喫茶を想像した時、「琥珀色」を思い浮かべることが多いですが、思い返してみると、虹にもたとえられそうなほど様々な色が店内にはありました。

〈赤〉夏の暑い日に飲みたくなる冷たくて真っ赤なトマトジュース。店によっては塩を一緒に。タバスコを入れて飲む人もいるようです。

〈橙〉なんといっても純喫茶の人気者、ナポリタンです。具材は、ハムやベーコン、ソーセージ、玉ねぎ、ピーマン、マッシュルームなどマスターの好みが表れます。海老が入っていた店もありました。

〈黄〉淡い檸檬色がほっとするレモンスカッシュ。とても酸っぱいお店、最初からシロップが入っているお店も。まあるい檸檬の輪切りが載っているとさらにときめきます。

〈緑〉純喫茶といったら、クリームソーダ。緑色のソーダ水に白いアイスクリームが定番です。お店によっては、赤色、青色、黄色、紫色、橙色、無色透明のところも。

〈青〉「かき氷」の旗が純喫茶の店先に揺れると夏が来たことを実感します。海や空を思わせる鮮やかなブルーハワイ。食べたあとに、真っ青になった舌を見せ合うのも楽しいです。

〈藍〉お店が地下でなければ、つい窓際の席を選んでしまいます。特に好きなのは、夕暮れからだんだんと夜になっていく窓の外の藍色。一日の終わりを純喫茶で過ごせる喜びをしみじみと感じるのです。

〈紫〉煙草の煙のことを「紫煙」と言いますね。薄暗いところで光に当たると紫色に見えるのだとか。私は煙草を吸わないので匂いは苦手ですが、壁に染みついた色には、そのお店が積み重ねてきた長い時間を感じます。

№ 15

ショパン

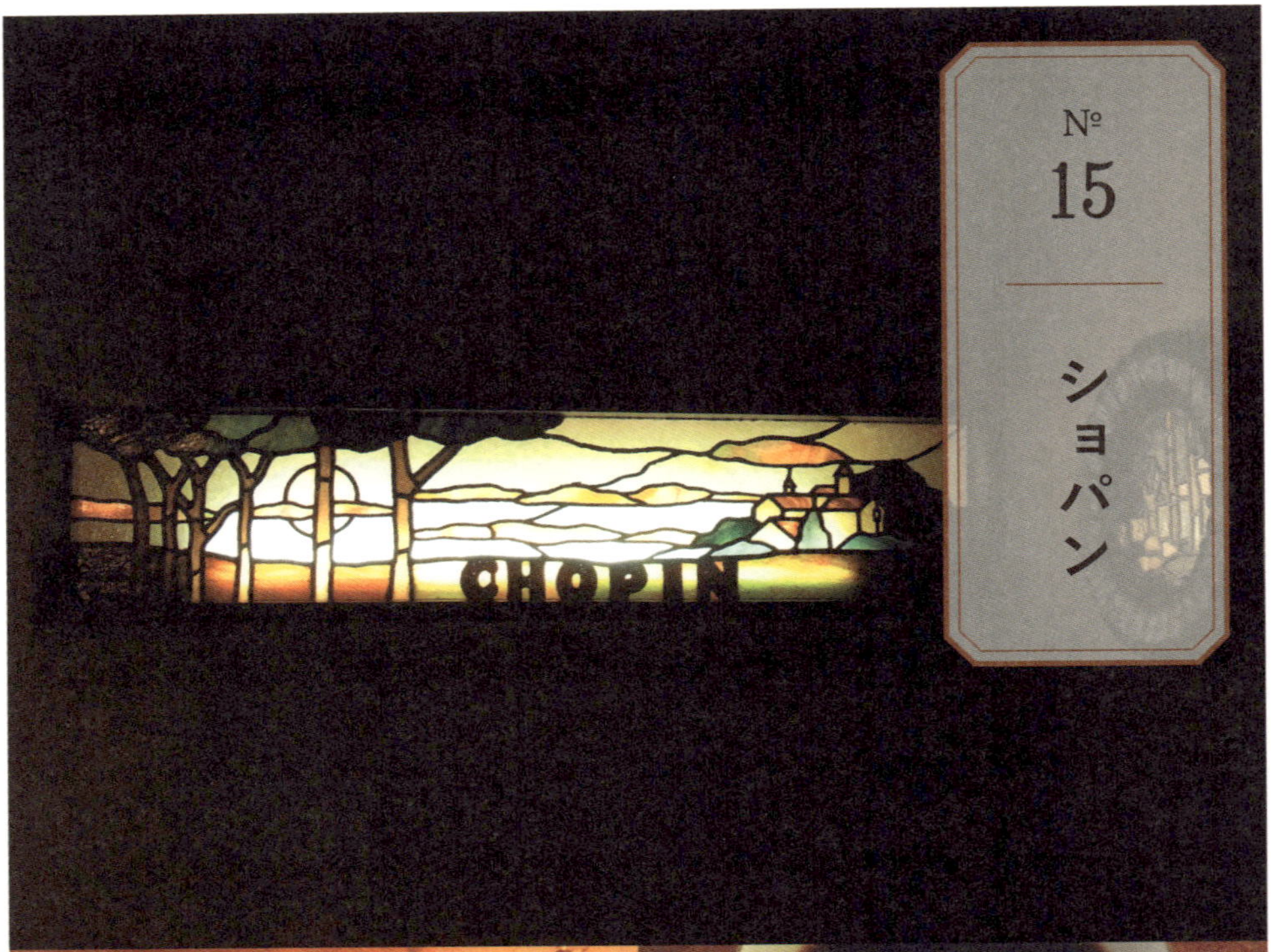
CHOPIN

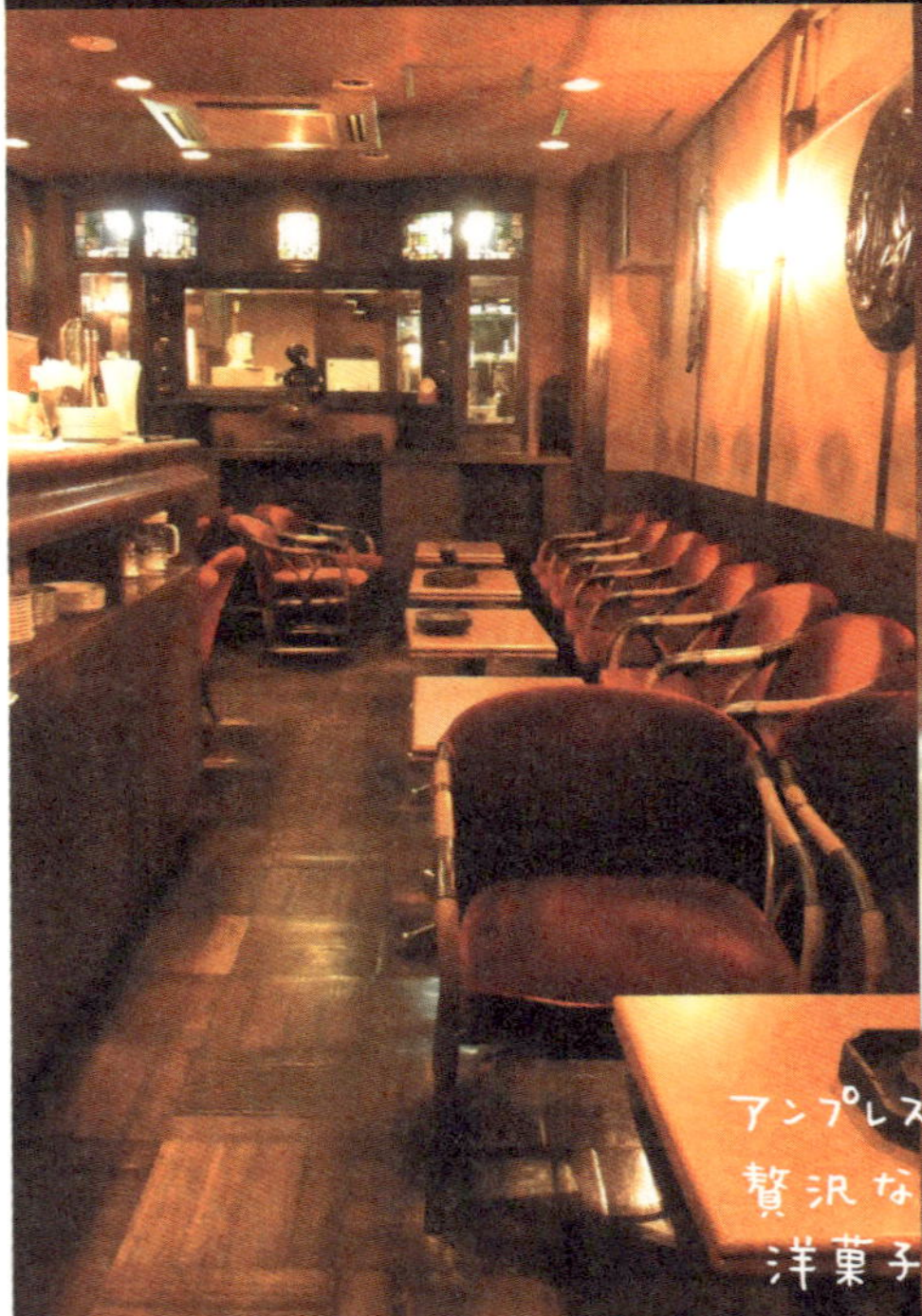

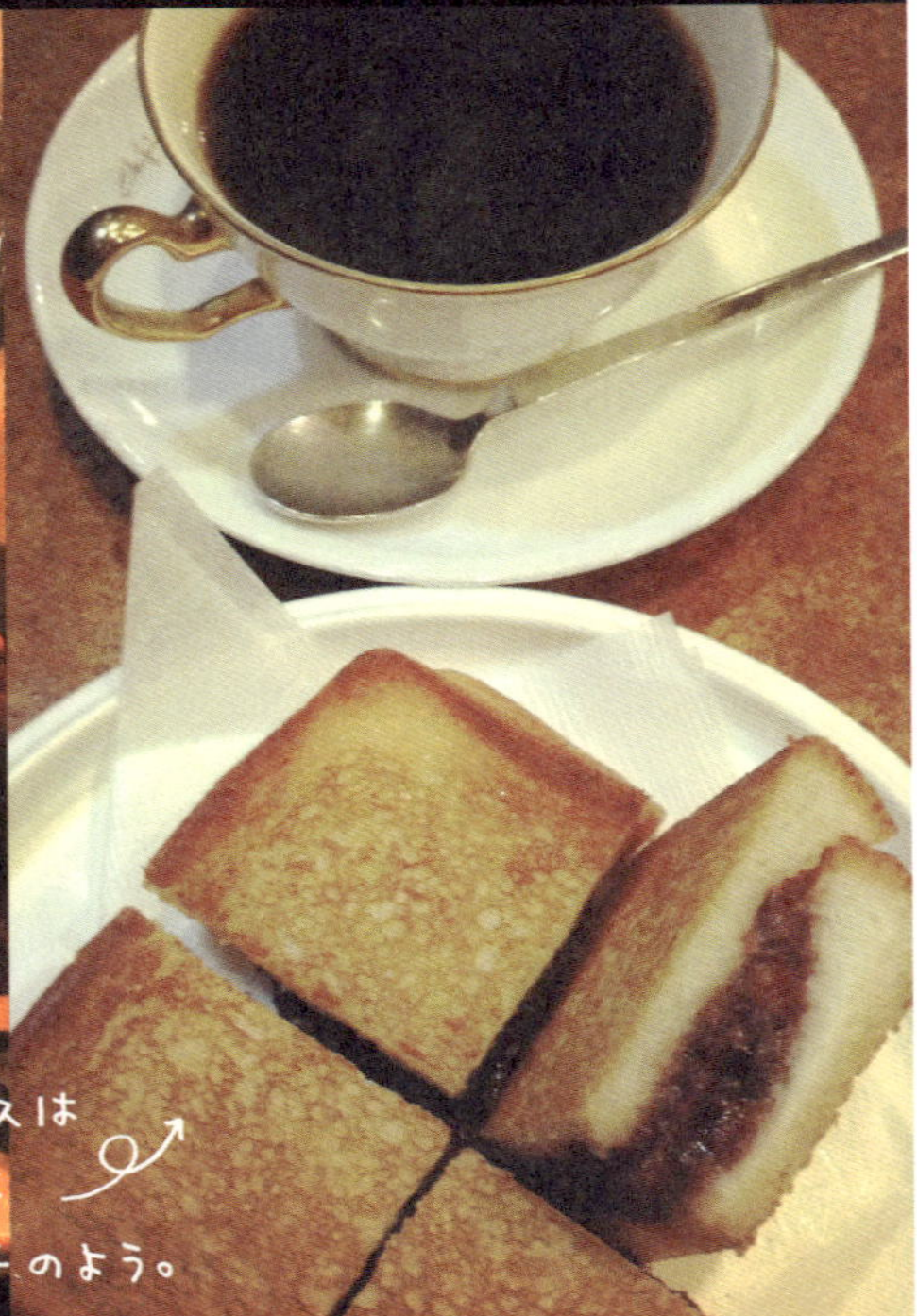
アンプレスは
贅沢な
洋菓子のよう。

№ 16 タムラ

窓の外を眺めるように立っている彫刻。

№
15

名古屋名物のあのメニューが都内でも食べられる歴史ある店

名古屋の純喫茶で初めて味わって以来、好きになったのが、餡の甘さにバターの塩気という中毒的な味が誘惑してくる「小倉トースト」です。東京の喫茶店でメニューにある店は少ないのですが、淡路町にあるこちらでとっておきのものが食べられることを知ってから、寄り道をする楽しみが増えました。この界隈は、空襲を免れたため、昔ながらの建物が今も軒を連ねる、風情のある一角です。

現在は、3代目のママと、40年以上店を切り盛りしている佐々木さんが営んでいます。以前は、淡路町交差点付近にありました。ずいぶん昔の雑誌に掲載された写真を見せてもらうと、現在、入口付近にあるカウンターは当時一番奥に。そこに座れるようになるのが常連の証だったとか。

少し酸味のある珈琲は、創業以来守られている味。れっきとした珈琲専門店ですが、ぜひ頼んでほしいものは冒頭に書いた「小倉トースト」で、この店では「アンプレス」と呼ばれています。フライパンにたっぷりのバターを溶かし、それを染み込ませたパンに、程良い甘さの餡が挟まれています。運ばれて来るまでの間、甘くて幸せな香りが漂います。常連だったお客さんのひと言でひらめいたメニューとのこと。甘いもの好きなら小倉入りのカフェオレ「アンオーレ」もご一緒にいかがでしょうか？

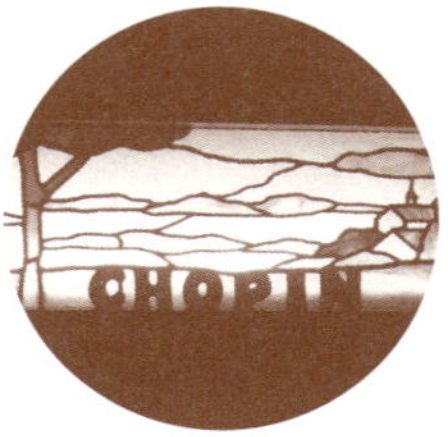

Data

東京／淡路町
ショパン
東京都千代田区神田須田町一－一九－九
〇三－三二五一－八〇三三

№ 16

遠くから確認できるほど大きな「営業中」の立て看板が目印に

角が丸い大きな窓のせいなのか、光を反射する白い壁のせいなのか、ひと目見てなぜか南国の喫茶店のように感じました。扉を開ける前にも見所が多く、店の周りをぐるぐる歩き、不審な動きをしてしまいます。中へ入ると、等身大のヴィーナス像がお出迎え。段差によって、ふたつの空間に分かれています。窓に近い空間は、黒い椅子に黒い床、ガラス窓に並んだたくさんの「ｃｏｆｆｅｅ」と「ｔａｍｕｒａ」のシール、壁には日の丸のようなモチーフが。色褪せた煙草の自動販売機もレトロなデザインで、ピンク色の公衆電話、鳥の剥製と共にノスタルジックな雰囲気にひと役買っています。テーブルのほとんどがゲーム台ですが、現役なのでしょうか？

店内奥の空間にも、ＵＦＯのような照明が吊り下げられ、天井に続く凹凸のある壁面デザインや赤茶色のソファが近未来的な雰囲気を。

食事メニューには、名古屋を感じる「あんかけスパ」や「小倉トースト」があり、他所から来た人は観光気分もしっかり味わえます。

今では少なくなってしまった昭和の雰囲気を守り続けている素晴らしさを私から伝えたところ「古いだけだけど、最近はそういうふうに褒めてくれる人たちが増えて嬉しいよ」と、照れたようにマスターとママは微笑みました。

Data

愛知／名古屋
タムラ
愛知県名古屋市千種区高見一―六―一
〇五二―七六二―〇四三四

ゆで卵のような
形の椅子が
ずらりと並ぶ。

MENU
CAFETERIA
コンパル
TEL (0273) 22-2184
高崎サヤ町（オノヤ前）

№ 17

コンパル

珍しいメニューは
魅惑的な
カフェロワイヤル。

№ 18

ルアン

№
19
gion
人気の
ブランコ席に
揺られ
青いソーダ水を。

№
20
ラドリオ
一度改装したとは
思えないほど
昭和の空気感が。

№ 17

イラストの美しい女性に誘われ階段を上がるとそこは昭和のままの空間

一軒の純喫茶で珈琲を飲むためだけに電車に数時間揺られることがあります。以前友人から頂いた素敵なマッチ箱にひと目惚れし、ある冬の午後、ここを訪問しました。外から見上げた店内は薄暗く感じ、おそるおそる階段を上がると扉が開いていて中へ。窓際でストーブに当たっていたマスターが「いらっしゃい」と微笑むのを見てほっと。ようやく落ち着き、レトロモダンなデザインの椅子が並ぶ、懐かしくて素敵な店内に感激。ナポリタンとクリームソーダを頂いている間、本を手にしたマスターといろんな話が出来ました。「人と人のつながりが喫茶店の存在意義だと思う」としみじみと呟きます。

Data

群馬／高崎
コンパル
群馬県高崎市鞘町六二
〇二七－三二二－二二八四

№ 18

テーブルのガラス板の下にある珈琲豆と、マッチ箱が印刷された紙を眺めて

席数の多い一軒家の純喫茶ですが、2階に上がる魅惑的な階段にはいつも「準備中」の札が立て掛けられています。開放は特に混み合う15時くらいまでらしく、いつかは日中に訪れたいと思っています。映画のロケ地などにも使用されるほど歴史を感じる店内ですが、慣れた感じで新聞を読む常連らしき男性が珈琲を飲む姿は日常そのもの。開店当時は、付近には映画館が4つもある繁華街だったようです。店の中にはなんと、うどん屋があり、その後閉店したため喫茶店としてそこを改築。珈琲は、席にてサイフォンから直接注いでくれます。好きな純喫茶が一軒あるだけで、その街が好きになります。

Data

東京／大森
ルアン
東京都大田区大森北一－三六－一
〇三－三七六一－六〇七七

No 19

ブランコ席がある理由は「面白いから」。マスターの個性があちらこちらに

将来は、大好きな本をカウンターで読んで暮らしたいと思ったから、喫茶店を開くことに決めた」。その願いを叶えるため、若い頃は年に1日しか休まず尋常ではないほど働き、貯金をしたというマスター。開店までに年間300軒もの純喫茶を巡り、良いところを真似て自ら設計までした店となれば、宝物以外の何でもないでしょう。マナーを守らず店の雰囲気を乱す人は、客であれ許さず、何人も追い出したとか。「東京砂漠のオアシスのような場所でありたい」と願うマスターは「その人がいると周りが嬉しくなるような人」を店員に採用するなど、日々、店の良い雰囲気作りを心掛けています。

Data

東京／阿佐ヶ谷
gion
東京都杉並区阿佐谷北一―三―三
川染ビル1F
〇三―三三三八―四三八一

No 20

ウインナーコーヒー発祥地
創業64年の老舗純喫茶で
絶品のナポリタンを頂く

数年前に1度改装をしましたが、以前の面影を全く損なわないまま綺麗に蘇り、今も細い路地に佇みます。店内は入口から想像するよりずっと広く、空いている時間帯は好きな席に座らせてくれるところも気に入っています。

珈琲の上にたっぷりの生クリームを載せたウインナーコーヒーはこちらが発祥の地とメニューにありますす。かき混ぜずにそのまま頂くのが正しい飲み方のよう。そして、こちらで特筆すべきメニューはナポリタンではないかと私は勝手に思っています。数々の純喫茶で食べ、それぞれ優劣はつけがたいのですが、現在最も好みの味はこちらのものです。

Data

東京／神保町
ラドリオ
東京都千代田区神田神保町一―三
〇三―三二九五―四七八八

№ 21
六曜館
電話三十九番

№ 22
ネルケン

№ 23
モントレ

№ 24
アカシヤ

№
25
コーヒーの大学院
ルミエール ド パリ

№
26
ロン

№
27
珈琲艇
キャビン

№
28
プチ
珈琲の店
プチ

№ 21

蔦に覆われた旅館に併設、今では貴重な甲府のマッチコレクションも

壁や家具は濃いめの茶色で統一感が。その落ち着いた店内にある美しい骨董品は、アンティークギャラリーを営むご主人が、若い頃から集めていたもの。ステンドグラスがほうぼうの壁を飾り、温かい味わいの照明器具が大切そうに棚に陳列されています。時代を重ねてきた有難さと共に珈琲を。

Data

山梨／甲府
六曜館
山梨県甲府市丸の内 2-15-15
萬集閣 1F
055-222-6404

№ 22

今日も夢を見ていたのかもしれない。マダムの世界観にそっとお邪魔する

ドイツ語で「たくさんのカーネーション」という意味の店名を持つこちらは、美しく上品なマダムがいることで成り立っています。テーブルには季節の花が飾られ、他の人と視線が合わないように区切られています。クラシックが流れる店内にて、ひとり、気の済むまでぼんやりしていたい。

Data

東京／高円寺
ネルケン
東京都杉並区高円寺南 3-56-7
03-3311-2637

№ 23

ボリュームたっぷり、食べきれない場合は持ち帰りの準備もあります

学校の近くには必ずいい純喫茶があるもの。看板には「珈琲専科」とありながら食事メニューが豊富で、安くボリュームのある店として地元の住民に愛されています。平日はもちろん、休日も行列が出来るほどの人気店。レンガ積みのような造りの店内で、落ち着いて過ごすことが出来ます。

Data

熊本／中央区
モントレ
熊本県熊本市中央区大江 3-12-5
096-362-9525

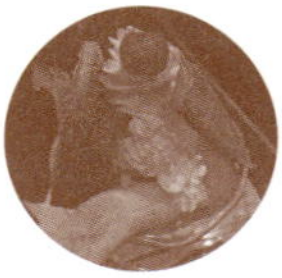

№ 24

どんな肩書きの人たちもここでは「珈琲を飲む人」として過ごせます

神田川近くの古いビルの中にあり、銅板のレリーフ、船室を思わせるガラス照明、吹き抜けなど、どれもが期待どおりの雰囲気。1階は常連客、2階は初めての人が集まります。看板猫「チャーさん」は数年前に亡くなってしまいましたが、穏やかなマスターとやさしいママに会いに今日もまた。

Data

東京／秋葉原
アカシヤ
東京都千代田区神田岩本町 15-2
03-3251-7005

№25

シンプルになっていく現代において、豪華絢爛な装飾の中で珈琲を飲む贅沢

目にした瞬間から店を出るまでの間、興奮が止まりません。外観からの想像以上に華美な内装に思わず出る「凄い」のひと言。カトレア模様のタイルが壁一面に貼られ、席を照らす大きなシャンデリア。特別室は、高くはない価格で貸切も可能。日常とは違う刺激を求める時に出掛けたい場所です。

Data

神奈川／関内
コーヒーの大学院
ルミエール ド パリ
神奈川県横浜市中区相生町 1-18
045-641-7750

№26

美しいコンクリートの外観、螺旋階段、有名建築家の趣向が凝らされた内装

誰かと待ち合わせをするならこちらをお薦めします。吹き抜けの2階席から外を眺め、螺旋階段を上がってくる姿を見届けて、タマゴサンドイッチとクリームソーダを注文。流れるビートルズに気を取られながら、ストローをくるくる回す指先に見とれている……。そんな空想をしながらいつも。

Data

東京／四谷
ロン
東京都新宿区四谷 1-2
03-3341-1091

№27

1935年に建てられた船を模したビルにマスターがひと目惚れして

地下へ降りる階段の手摺り、木の床や赤いベロアのソファ、実際の船にも使用されているという窓枠越しに外を眺めていると、向こう側に見える雨の粒とその音が心地良く。いつの間にか周りの席も人でいっぱいに。でも、海の底にいるみたいに静か。時間の許す限り、こちらで揺られていたい。

Data

大阪／なんば
珈琲艇キャビン
大阪府大阪市西区南堀江 1-4-10
06-6535-5850

№28

磯部餅、お菓子の山に、ハブ酒まで……。親戚の家に来たようなくつろぎが

以前、阿佐ヶ谷にあり閉店してしまったお店が、吉祥寺で復活を遂げていました。注文をする前に運ばれて来たのは磯部餅、珈琲と同時にザルいっぱいのお菓子たちも。「全部食べちゃっていいのよ」と豪快に笑うママと、自動演奏のピアノにご機嫌の社長。愉快な時間がここにはあります。

Data

東京／吉祥寺
プチ
東京都武蔵野市吉祥寺北町 1-19-1
※電話番号非公開

純喫茶に
魅せられて
02

スピーカーから、座席から、入口から、いつも［音］を感じていたくて

力

チッ。ボーッ。ジュウジュウ。ポトポト。
チリンチリン。ガタン。シュッ。
カラカラ。チーン。

純喫茶で聞こえる音たち。

ガスをつける音。火のあがる音。
ナポリタンやピラフを炒める音。珈琲豆にお湯を注ぐ音。
誰かが入口を開けてベルが鳴った音。椅子が傾いた音。

マッチを擦る音。ストローで氷を混ぜる音。年季の入ったレジスターが開く音。

純喫茶には、ＢＧＭのある店とない店とがあります。

音楽が流れている店では、クラシック、ジャズ、ボサノヴァ、昭和歌謡など。また、ラジオからは、ふと好きな歌が流れてきたり、時には世の中のニュースを教えてくれることもあります。

音楽の流れていない店では、最初に書いたような音たちがＢＧＭです。

そこに、マスターと常連客が交わす日常の会話や、初々しい恋人たちのひそひそ話、ひとりのんびりと本のページをめくる音、誰かのため息、などが加わるのです。

純喫茶の音を録音したＣＤがあったらいいのに、とたまに思います。真夜中に自分の部屋でそっと流す。いつもの空間が瞬く間に純喫茶に変わることでしょう。

そして、そうまでして純喫茶を感じていたい、という自分自身を、つい笑ってしまうのでした。

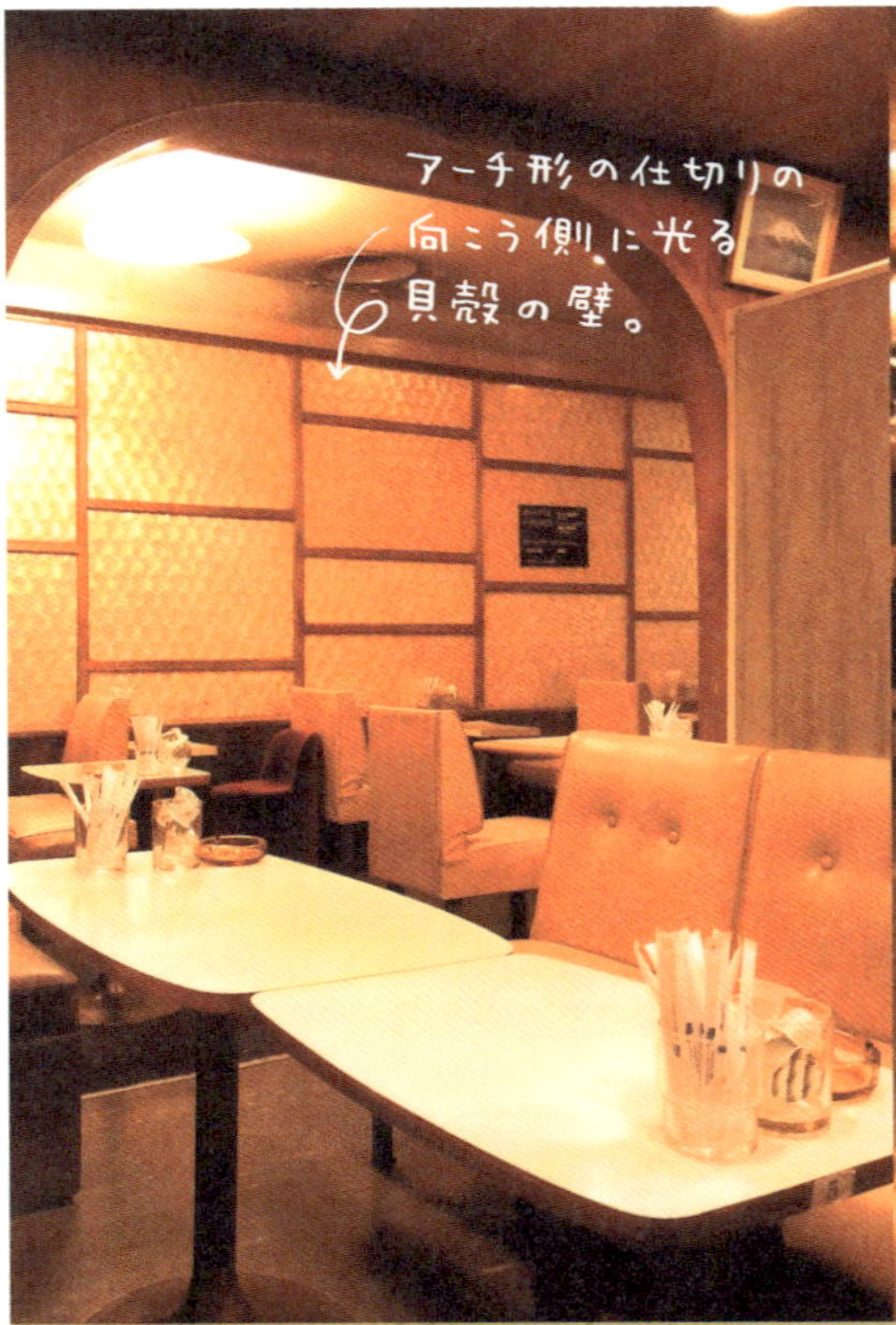
アーチ形の仕切りの
向こう側に光る
貝殻の壁。

№ 29 琥珀

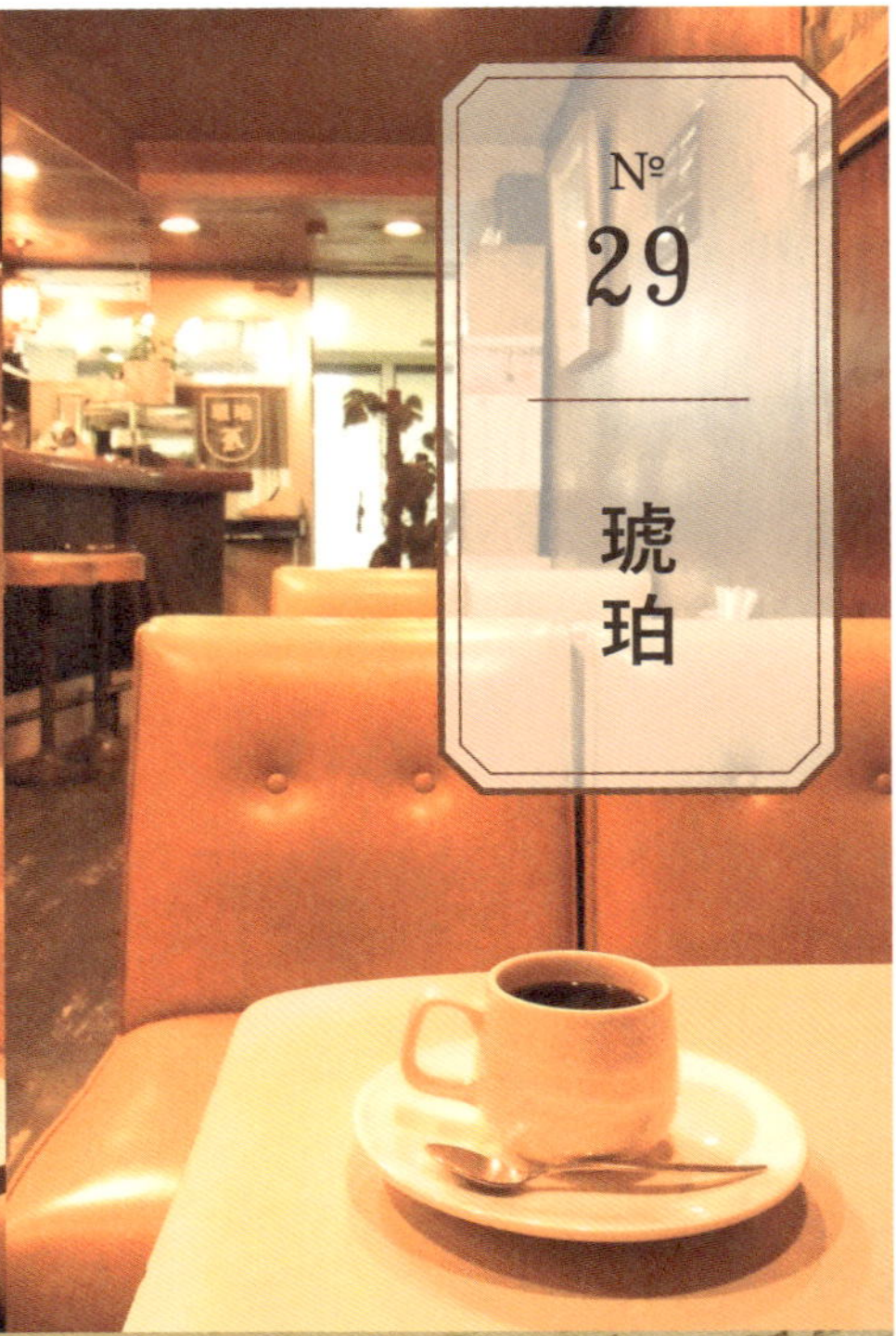

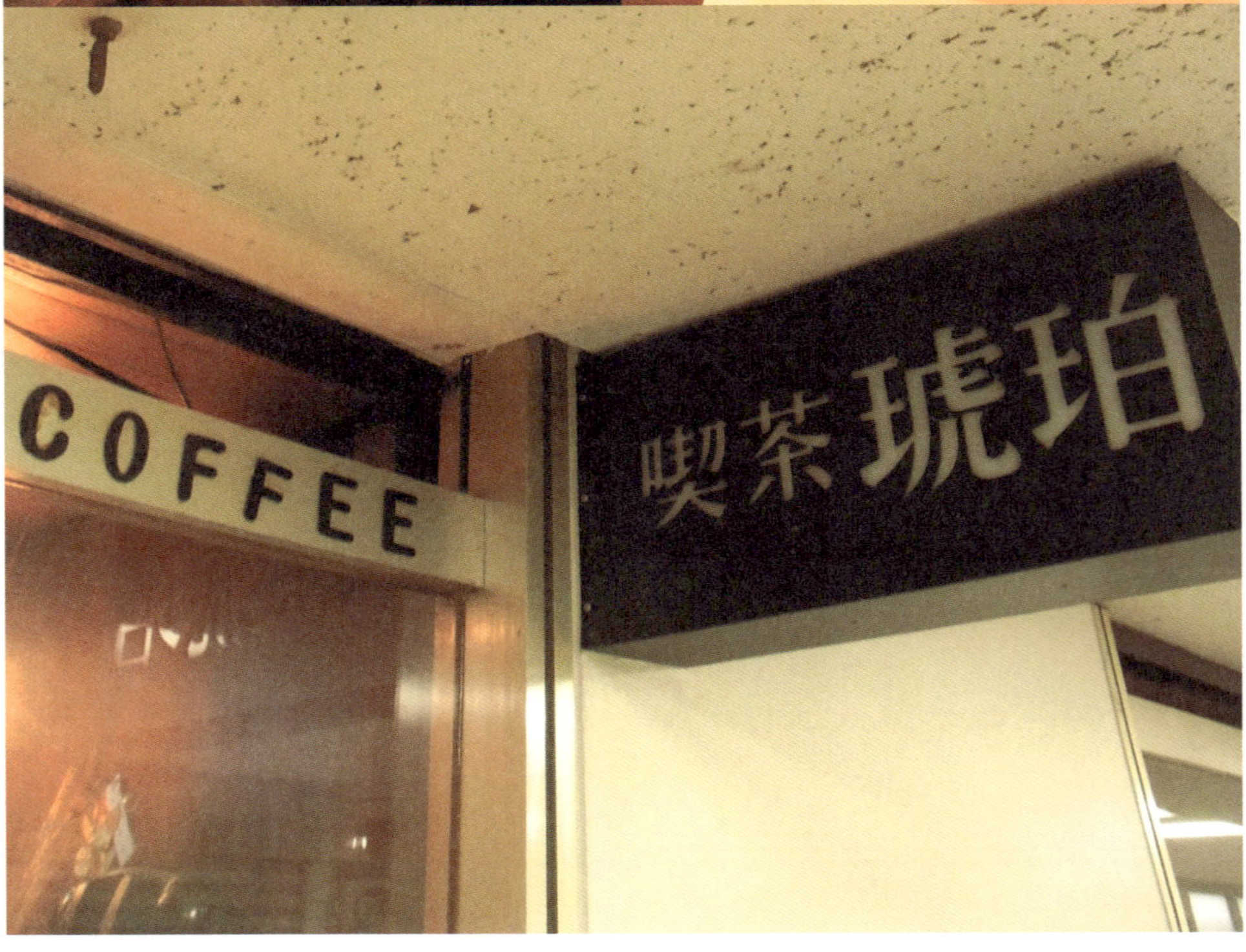
COFFEE
喫茶 琥珀

№ 30

クラウン

螺旋階段の上階を
利用するには
予約が必要です。

№ 29

近隣で働く人たちの憩いの場所。思いがけない場所で出会った空間

赤坂見附駅は、私の通っていた高校が近くにあったので、その当時は身近だったのですが、卒業してからはほとんど行かなくなっていました。純喫茶巡りに夢中になって、喫茶店に出会えそうな場所を片っ端から散策し始めたあとも、国会議事堂の周辺に喫茶店があるとは思っていませんでした。友人からこちらの存在を教えてもらうまで、完全に見落としていたことを少し悔やみました。

エレベーターホールの扉や地下に続く階段のデザインが素晴らしい古いビルの中にあるお店。入口こそ小さいのですが奥行きがあります。日中はビルで働く人たちで混み合うのでしょう。

ドアに貼られた「琥珀」の文字と印象的なデザインのマーク。常連客以外はなかなか腰掛けられないであろう数席しかないカウンター席、花のような形の照明、クリーム色の椅子。そして、アーチ形の仕切りの向こうにあるのは、さらに息を飲んでしまう素晴らしい空間。貝で作られたという壁はキラキラと輝き、一番奥には、白いレースのカーテン、えんじ色の小さな椅子が並ぶ席があり、次回はここで珈琲を飲みたいと思いました。

食事メニューは、カレーライスとハヤシライスのみという潔さ。珈琲は肉厚のぽってりとしたカップに注がれて来るのも嬉しいポイントです。

Data

東京／国会議事堂前
琥珀
東京都港区赤坂一―九―一三 三会堂ビル地下1階
〇三―三五八四―五八七八

№ 30

今では少ない3階建ての巨大喫茶　当時に思いを巡らせながら珈琲を

蕨

駅から歩いてすぐに姿を現すこちらは、看板やメニューサンプルを見て期待感が膨らみます。扉を開けて店内に踏み込んだ瞬間、圧倒されるのは入口付近の螺旋階段と、その中央を貫く大きなシャンデリア、そして店内の広さ。次に、席を区切る紫色の妖艶な照明に目を惹かれます。どの席に座っても、仕切りのおかげで他の人と目が合わない作りでゆったりと過ごせます。

食事のメニューも豊富で、スパゲッティミートソースは自家製のソースが美味しく、プリンアラモードの盛り付けはまさしく昭和のスタイルで感動もの。

2階席は現在、予約の団体客にのみ開放しているそうですが、気になって仕方がなかったので「純喫茶が好きでたまらないので、よかったら2階の様子を拝見させてもらえませんか」とお願いして見学を。階段を照らすシャンデリアは、間近で見ると想像以上に美しく、他に、かぼちゃのような形のランプもありました。昔は2階席も普通に使用されていたため、1階と同様キッチンもあります。あまりにも好みな空間なのでうっとりしてしまい、許されるのであれば珈琲を飲みながら店内を眺めて数時間ぼんやりしていたかったのですが、十数分満喫させて頂いたあと1階へ。しばらくの間、頭の中に浮かぶ光景を思い浮かべては、幸せな気持ちが続いていました。

Data☚

埼玉／蕨
クラウン
埼玉県川口市芝新町三—一九
〇四八—二六六—一二〇七

古いランプにカメラ、
現役の柱時計に
火縄銃も。

№ 31
世田谷 邪宗門

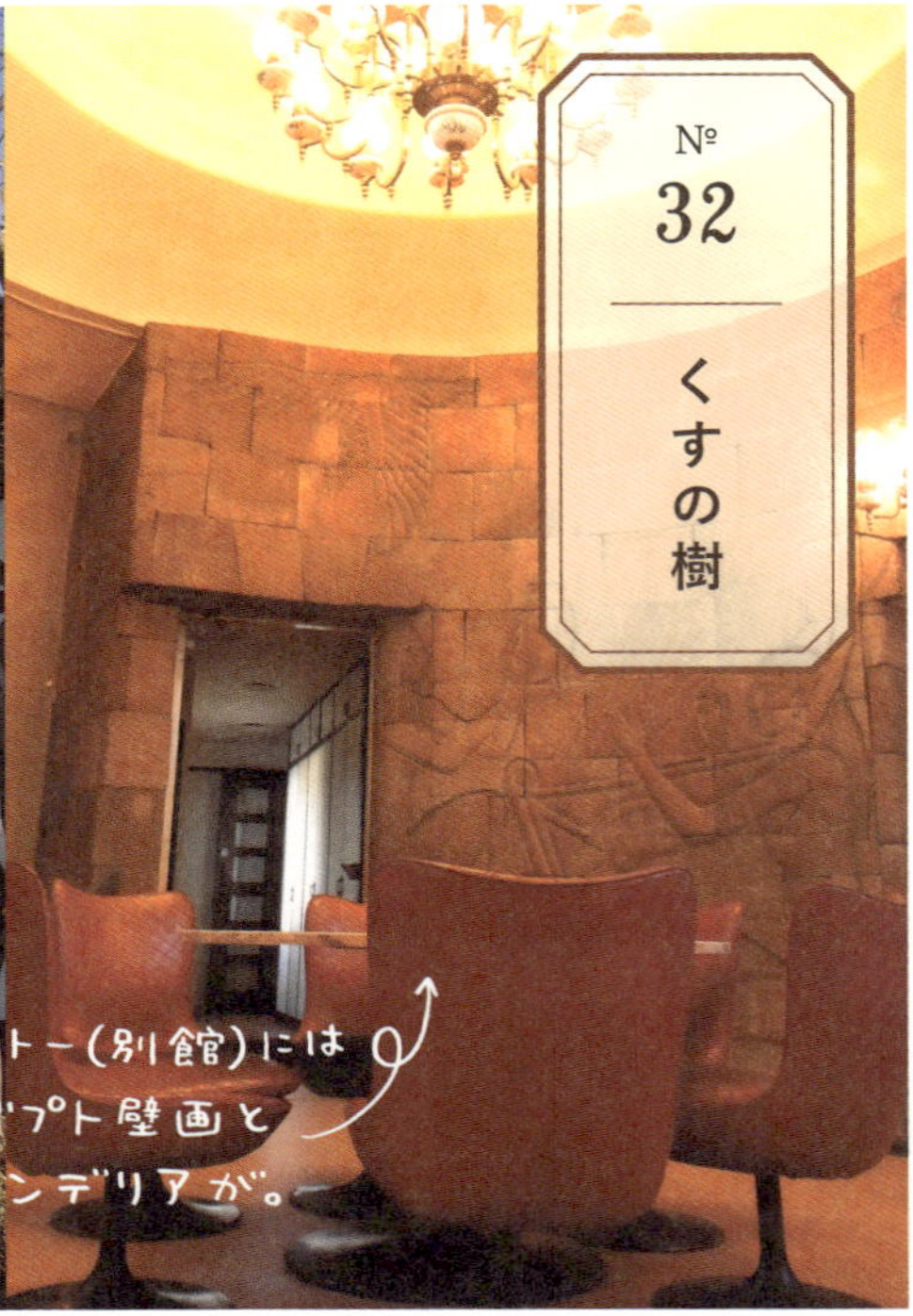

シャトー（別館）には
エジプト壁画と
シャンデリアが。

№ 32
くすの樹

クリームソーダを
照らすのは時折回る
ミラーボール。

№
33
喫茶 銀座

裏メニューとして
トーストに挟まれて
いるものは……。

№
34
モカ

№ 31

世田谷の閑静な純喫茶で あんみつ珈琲を頂きながら 見るマスターの手品

2008年に惜しまれつつも閉店した国立邪宗門。その伝説の店に憧れた人たちが各地で純喫茶を開店。現在では、荻窪、世田谷、小田原、下田、石打、高岡の6軒が営業を続けています。そのうちの一軒、世田谷邪宗門のマスター・作道さんは有名デパートの副店長として勤めながら、珈琲とマジックに夢中になり、初代・引田天功に弟子入りを果たし、自宅を改装しこちらを開店しました。店内には、火縄銃、ラジオ、電話機、ジュークボックス、ランプ等が所狭しと並びます。その昔に思いを馳せて静かに珈琲を飲むのもいいですし、マスター自慢の手品を楽しむのも。注文はぜひあんみつ珈琲を。

Data

東京／三軒茶屋
世田谷 邪宗門
東京都世田谷区代田一―三一―一
〇三―三四一〇―七八五八

№ 32

山小屋風の本館、シャトーを模した古城館を、立派な楠が見守って

広い敷地内に本館と古城館が。本館は分煙となっているのも嬉しい。ランプからこぼれるやわらかい光も、落ち着いた雰囲気作りにひと役買っています。混み合う時間帯や団体客に開放されるシャトーは、「中世ヨーロッパで多く建造された円筒型天守城」を模してあり、大きなシャンデリア、ステンドグラスの窓、エジプト壁画に圧倒されます。

元銀行員だったマスターは数年前に店を引き継ぎ、古き良きものを守りつつ新メニューを研究するなど、常にお客さんに喜んでもらえるよう心掛けています。駅からは少し離れていても、ここを目指して多くの人が訪れるのも納得できます。

Data

東京／武蔵境
くすの樹
東京都西東京市新町五―一九―一〇
〇四二二―五五―四四五〇

No 33

**ミラーボールは昭和の香り
ノスタルジックな空間には
DJブースも設置されて**

入口には南国風の植物がいくつも置かれ、店内が確認しづらいため、初めて扉を開ける時は躊躇するかもしれません。1962年創業、ライトアップされたメニューサンプルや天井から吊り下げられたミラーボールは昭和の雰囲気を醸し出し、映画やドラマのロケ地としても頻繁に使用されています。また、設置されたDJブースを使用したイベントによって一瞬にしてダンスホールになる夜もあるのでしょう。メニューにはアルコールもあるので、本来の純喫茶の定義からは外れますが、とにかくディープに昭和らしさを感じられ、こんなに居心地がいい空間であれば、十分に合格点だと思います。

Data

東京／恵比寿
喫茶 銀座
東京都渋谷区恵比寿南一－三－九
新井ビル1F
〇三－三七一〇－七三二〇

No 34

**「お客様はみな平等」
という信念。珈琲を飲む空間
として過ごす安心感**

「自分がしてもらって嬉しいことをしてあげたい」というオーナーの藤野さんは、アルバイトのみんなから「お姉さん」と慕われています。カウンターが曲線を描いているのは、端と端の席に座った人が顔を見ながら話が出来るようにという思いから。そのおかげで知らない人同士もいつの間にか笑い合っています。ちなみに2階は禁煙。メニューは珈琲とトーストのみですが、特筆すべきは他では見ない分厚さ。裏メニューとして挟まれているのは、なんとアイスクリーム。「長く続けていけるのは来てくれる人たちがあってこそ」。お姉さんと話したくて、日に数回通うファンも多いのです。

Data

東京／江古田
モカ
東京都練馬区栄町三九－五
〇三－三九九三－五六四八

№
35
スマート珈琲店
Smart

№
36
灯

№
37
潮

№
38
カフェ アルル

№
39
まるも

№
40
サンマリ

№
41
伯爵邸

№
42
カド

№ 35

心ときめく喫茶メニューは1階で、ランチには2階で本格的な洋食を

喫茶店で小さなテーブルを挟んで向かい合う男女のシルエットがお店のシンボルマーク。必ず食べたいのはホットケーキかフレンチトースト。落ち着いた珈琲色のインテリアのおかげか、いつ訪れてもゆったりと過ごせます。ロゴ入りのコーヒーカップやソーサーは買えるので、ぜひお土産にひとつ。

Data

京都／三条
スマート珈琲店
京都府京都市中京区寺町通三条上ル
天性寺前町 537
075-231-6547

№ 36

昭和の空気を色濃く残す小路にある山小屋風の店内できちんとした定食を

店内の奥には坪庭があり、窓には「灯」と彫られたステンドグラスが。穏やかそうなマスターが作る食事メニューは種類が豊富で良心的な価格。ハンバーグに添えられたケチャップ味のスパゲッティは、お子様ランチのよう。紙ナプキンにオリジナルで印刷されたランプのイラストが素敵です。

Data

神奈川／藤沢
灯（ともしび）
神奈川県藤沢市藤沢 111
0466-22-5260

№ 37

モーニングにも個性あり。広島ではぬくもりを感じさせる味噌汁付

あてもなく散策をしていて純喫茶を見つけた瞬間は本当に嬉しいのです。オレンジ色のひさしに惹かれて入ったこのお店は、東郷青児の絵が飾られ、店内はとてもシンプル。窓から人々を眺めたあとに注文したモーニングのトーストセットには、噂通り味噌汁が付いてきて思わず微笑みます。

Data

広島／的場町
潮
広島県広島市南区京橋町 10-30
082-263-0872

№ 38

運がいい日は、看板猫の故・ゴエモンを眺めながら「ニャポリタン」を頂いて

訪れた人に印象を訊ねたら、「ピエロ」「たくさんの本」「珈琲に付いてくるバナナと豆」などと並んで、「かわいらしい看板猫」と多く返ってくるでしょう。「正社員」として19年勤めた綺麗な白黒の猫、故・ゴエモンさん。大きな水出しコーヒー器で抽出する珈琲や、濃厚な「ぶどうしぼり」も美味。

Data

東京／新宿三丁目
カフェ アルル
東京都新宿区新宿 5-10-8　1F
03-3356-0003

№ 39

松本民芸家具の創立者、池田三四郎氏が設計した和を感じる喫茶室

観光客に加えて、地元の人にも愛されています。使い込まれ、年月の刻み込まれた艶やかな民芸の椅子。ブレンド珈琲ならシンプルな白いカップで提供され、ストレート珈琲だと民芸の器に注がれてくるサービスも素敵。いつの日か、隣にある時代を感じる旅館に宿泊し、朝食をこちらで。

Data

長野／松本
まるも
長野県松本市中央 3-3-10
0263-32-0115

№ 40

明るくてユーモア溢れるマスターですが実は珈琲が苦手とか

古い建物には純喫茶が入っているという期待を裏切らず、大手町ビルの中にあるこちらも常にサラリーマンで賑わっています。マスターはお父様が始めた店を継ぐことになり、内定していた大企業を辞退し、今に至るのだとか。壁に飾られている、美しい絵画たちを眺めながら珈琲を。

Data

東京／大手町
サンマリ
東京都千代田区大手町 1-6-1
大手町ビル B2F
03-3213-2827

№ 41

24時間思い立った時に沖縄料理や家庭的な定食が食べられる純喫茶

最近訪れた個性的な喫茶店は？と聞かれたらこちらを思い浮かべます。古い洋館さながらの重厚な店内ですが、食堂顔負けの庶民的なメニューは１００種類以上。「店から一度離れて戻ってきたら何だかメニューが増えていて」と笑う男前の店長・宮城さん。朝も昼も夜も、使い勝手のいいお店。

Data

埼玉／大宮
伯爵邸
埼玉県さいたま市大宮区宮町 1-46
048-644-3998

№ 42

パンもジュースも天井の絵もマスターお手製。「活性生ジュース」をぜひ

カウンター席の奥に飾られた絵画、テーブルに描かれた花模様、年代ものの扇風機など、様々なところに情緒を感じます。マスターはとても器用な人という印象。着ている服や帽子も自分で作られたとのこと。色気のある店内は、街並みや常連客、そしてマスターによって彩られていくのです。

Data

東京／向島
カド
東京都墨田区向島 2-9-9
03-3622-8247

魅惑の純喫茶マッチ

02

なくても困ることはありませんが、手元にあると嬉しい。帰り道やふとした時に取り出しては眺めて。訪れた際の風景や匂い、季節など、思い出を呼び起こすための記憶のスイッチなのかもしれません。

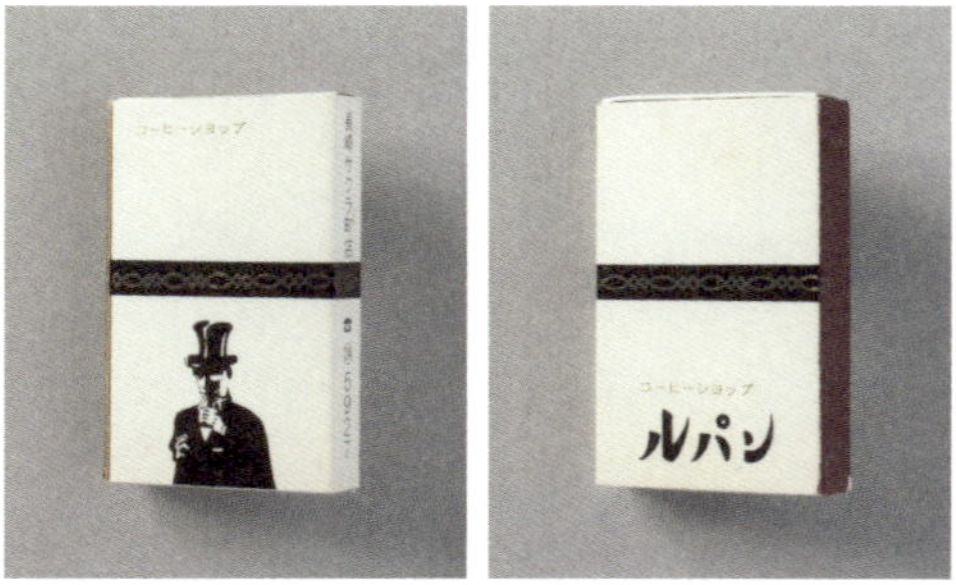

長崎・ルパン

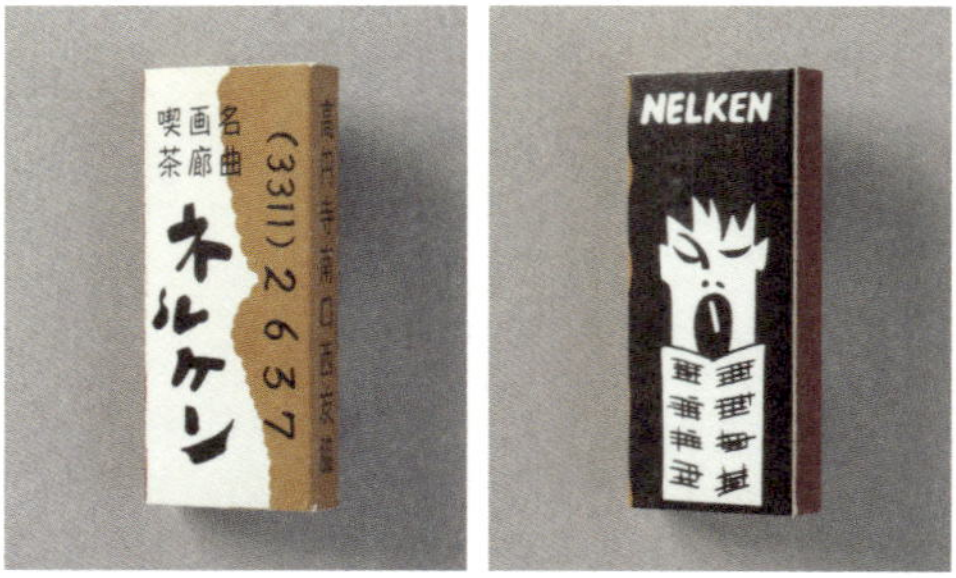

高円寺・ネルケン

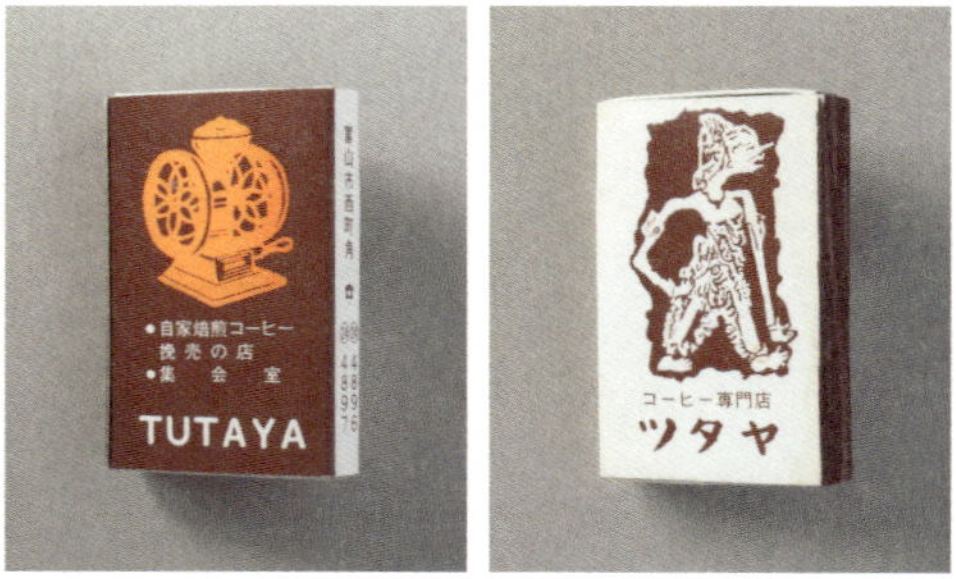

富山・ツタヤ

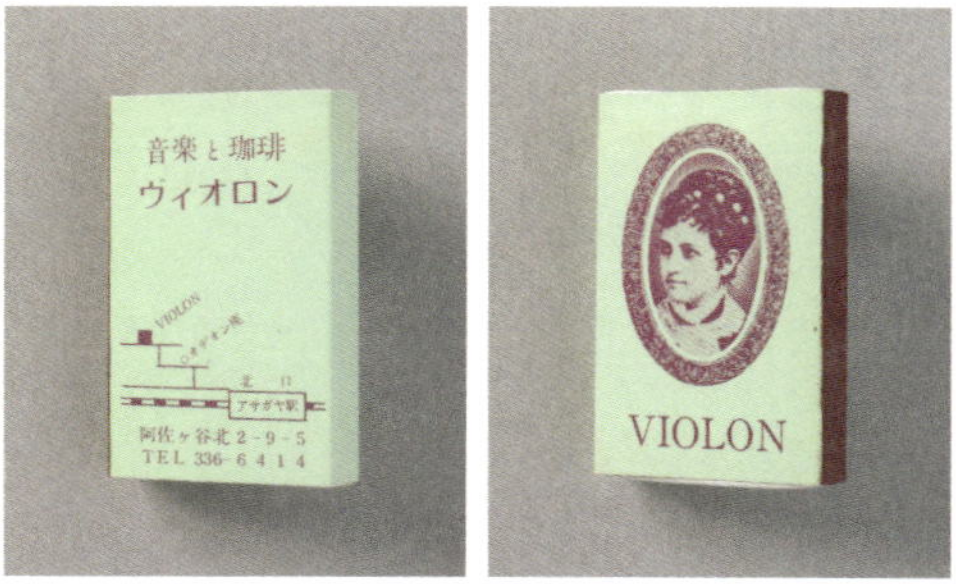

阿佐ヶ谷・ヴィオロン

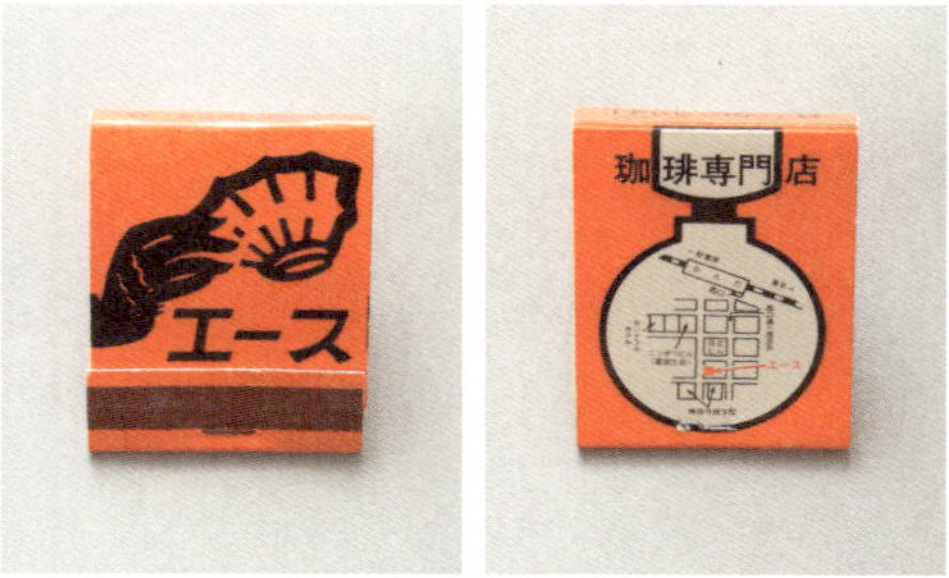

神田・エース

淡路町・ショパン

名古屋・グロリヤ

秋葉原・アカシヤ

藤沢・灯

山口・コテイ

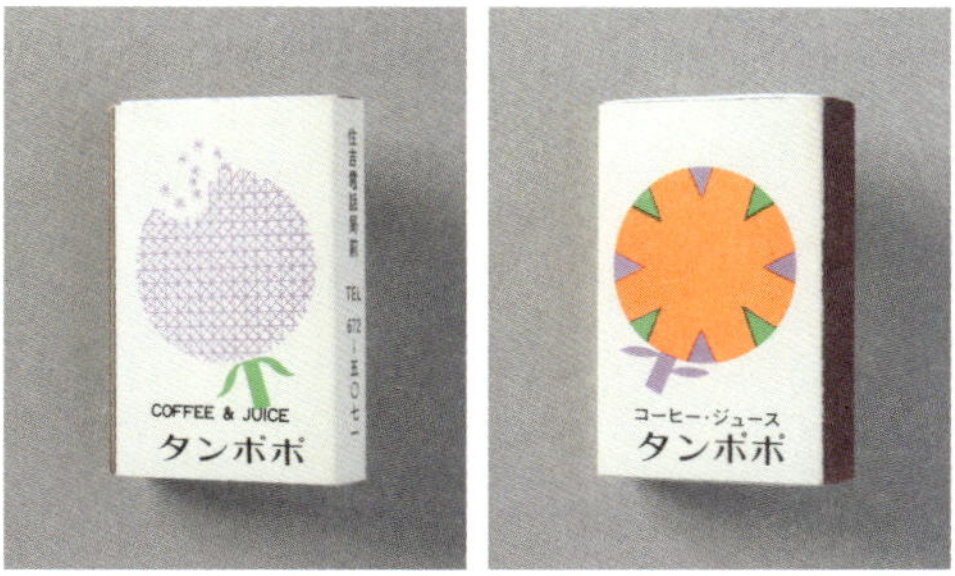

大阪・タンポポ

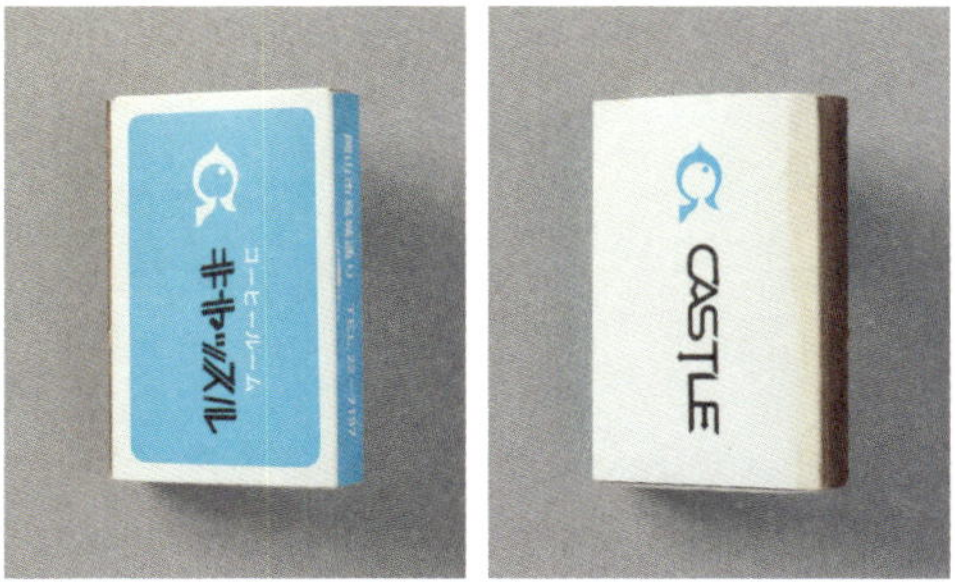

岡山・キャッスル

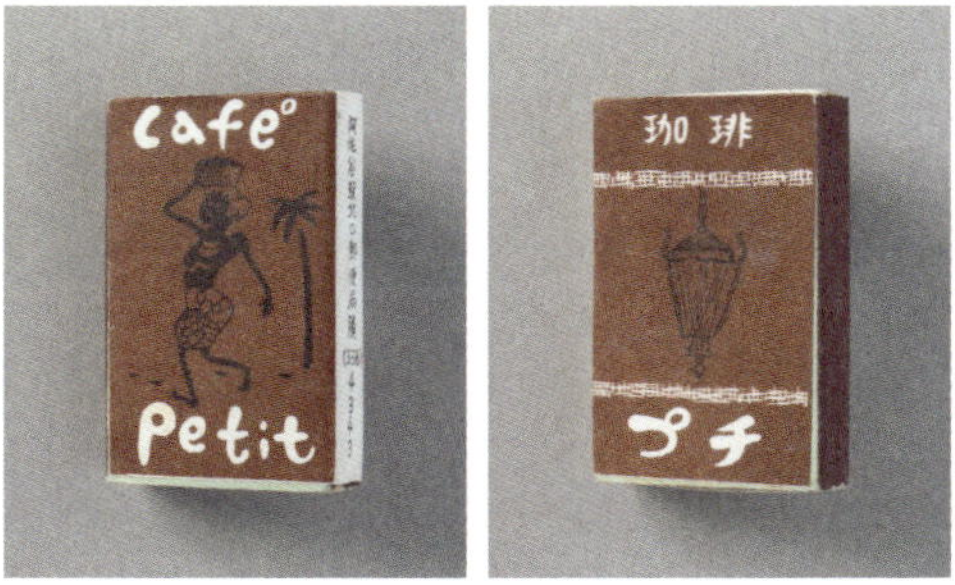

阿佐ヶ谷・プチ

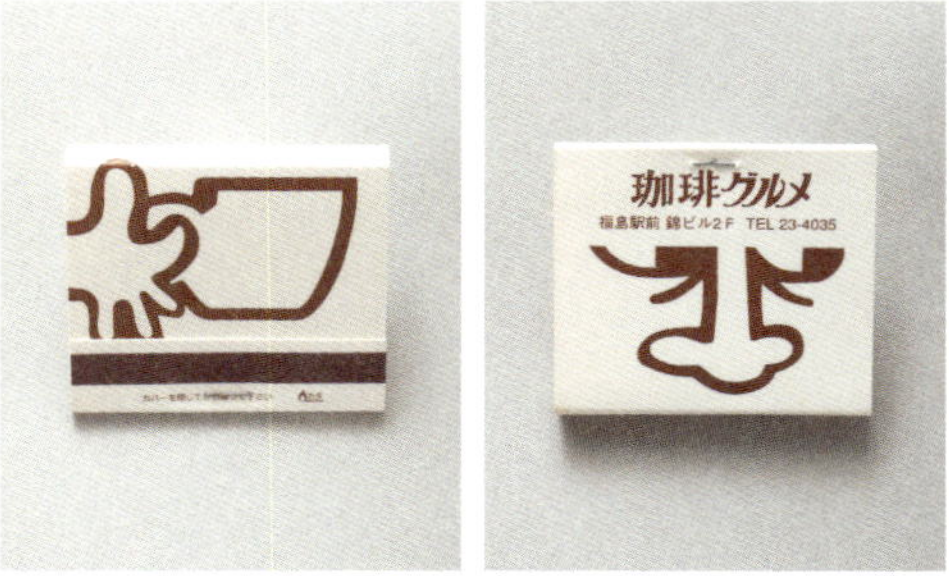

福島・グルメ

葛西・街角

純喫茶に魅せられて 03

まるで夜の虫のようにほの暗い［灯り］に吸い寄せられ

たまに「カフェには行かないのですか？」という質問を頂くことがあります。

純喫茶のほうが訪れる回数が圧倒的に多いだけで、まったく行かないわけではないのです。ついでにお伝えすると、チェーン店を利用することも多々あります。それは、夜遅く純喫茶の開いていない時間帯だとか、知らない街でいくら探しても純喫茶が見つからず、でも、時間を少しつぶしたい時だとか、そんな時に。

条件さえ合えば出来るだけ純喫茶に入りたいのですが、それが叶わぬ時もありますし、人それぞれ事情は違うのですから、純喫茶以外の店で珈琲を飲むことについては、まったく否定しません。

しかし、目の前に純喫茶とそれ以外の形態の店がある時、選ぶ決め手は何だろうと考えます。今となっては、自分の体の一部が純喫茶に結び付けられているのではないかと思うほど、特に考えることもなく、純喫茶を選んでしまいますが、その理由はいくつかあり、そのひとつが「灯り」ではないだろうかと思います。

公共の場やオフィスなどではしかたがないと思うのですが、蛍光灯の光があまり得意ではありません。ぱっきりとまぶしく、隅々まで照らしてしまうような明るさは、どうも自分の性に合っていないのかもしれません。

少しくらいの埃なら目立たないような、薄暗い空間の隅っこにいるとほっとするのです。もしかしたら、純喫茶好きの方の嗜好のひとつとして、そのような要素があるのかもしれませんね。いかがでしょうか？

余談ですが、純喫茶の灯りに慣れてしまったのか、自分の部屋でも豆電球のような光で暮らしていたら、なんだかだんだんと洞窟のような暗さになってしまったのでした。

№
43

浮

キッチンの小さい
窓の上には
サメの口が。

№ 44

らい

普通の「ナポリタン」に見えて実は……。

№ 43

地元住民が仕事を終えたあとのやすらぎのため朝4時まで営業を

喫茶店の雰囲気を保ちながらも、立派なレストランであるこちら。メニューは、ママのお母様がホテルオークラのシェフから譲り受けたレシピをもとに作られていて、どれを食べても本当に美味しい。中でもグラタンには「この中に閉じ込められてしまいたい」というファンもいるほど。ママがひとりで切り盛りしているため、混雑していると多少時間がかかりますが、ママの笑顔を見ると、むしろ丁寧に作られる食事を待つ時間もいいなと思います。

入口は2つあり、内装の違った空間に区切られています。まるで船の中から海を覗くような丸窓とガラス製の大きな照明のある部屋と、実際に船で使用されているロープや備品が多数飾られている部屋。

アントワープオリンピックのヨット模型はママの自慢の品。部屋の境目にさりげなく飾られたマトリョーシカは、近所で、伝統こけしとマトリョーシカの店を営み、こちらを愛する芸術家、沼田元氣さんから贈呈されたもの。

素敵なカップに注がれる珈琲ももちろん美味しいのですが、驚いたのはバナナジュースの濃厚さ。季節によって風味が替わるシフォンケーキも絶品。鎌倉は、観光客が多いせいか遅くまで営業している店が少ない。地元で働く人々を一日の終わりに癒すために、青い空間にオレンジの照明が灯ります。

Data

神奈川／鎌倉
浮（ぶい）
神奈川県鎌倉市長谷三－八－七
〇四六七－二二－〇一一〇

№
44

街に馴染むレトロな外観とは裏腹にどこか異国情緒を感じさせる空間

木の窓枠にステンドグラス、飴色のつややかな椅子、テーブルの黒電話からは時代を感じますが、決して古臭くはなく清潔感が。マスターの趣味の良さが表れた洒落た店内は、ファッション誌の撮影にも使われています。石畳のような床が所々すり減っていて、たくさんの人が訪れて来たことが想像できるあたりもたまりません。

珈琲のカップには「らい」の文字が。モーニングには、田原町の有名なパン屋「ペリカン」のパンが使われていることも嬉しいのですが、こちらで推したいのは「ナポリ舌」。運ばれてきた時に全ての謎は解けますが、ナポリタンの上に牛タンが。他では見られない変わったメニューはマスターの中島さん考案によるもので、「何かいいダジャレはないか、と寝ながら考えた」結果生まれたとか。

ずっと昔に通っていた人が久しぶりに訪れたなら、自分が年をとったことをつい忘れてしまうのでは。そう思わせるほど時間の流れがゆっくりとしています。吹き抜けになった2階席から見下ろす1階席の光景はとても美しく見続けてしまうでしょう。動物のようなモチーフの正体が気になりマスターに尋ねたら「不明」というおおらかさ。

喫茶としての営業は日中のみですが、現在は、夜もマスターのお嬢さんがバーとして店を開けています。

Data

東京／稲荷町
らい
東京都台東区三筋二―二四―一〇

№ 45 ニット

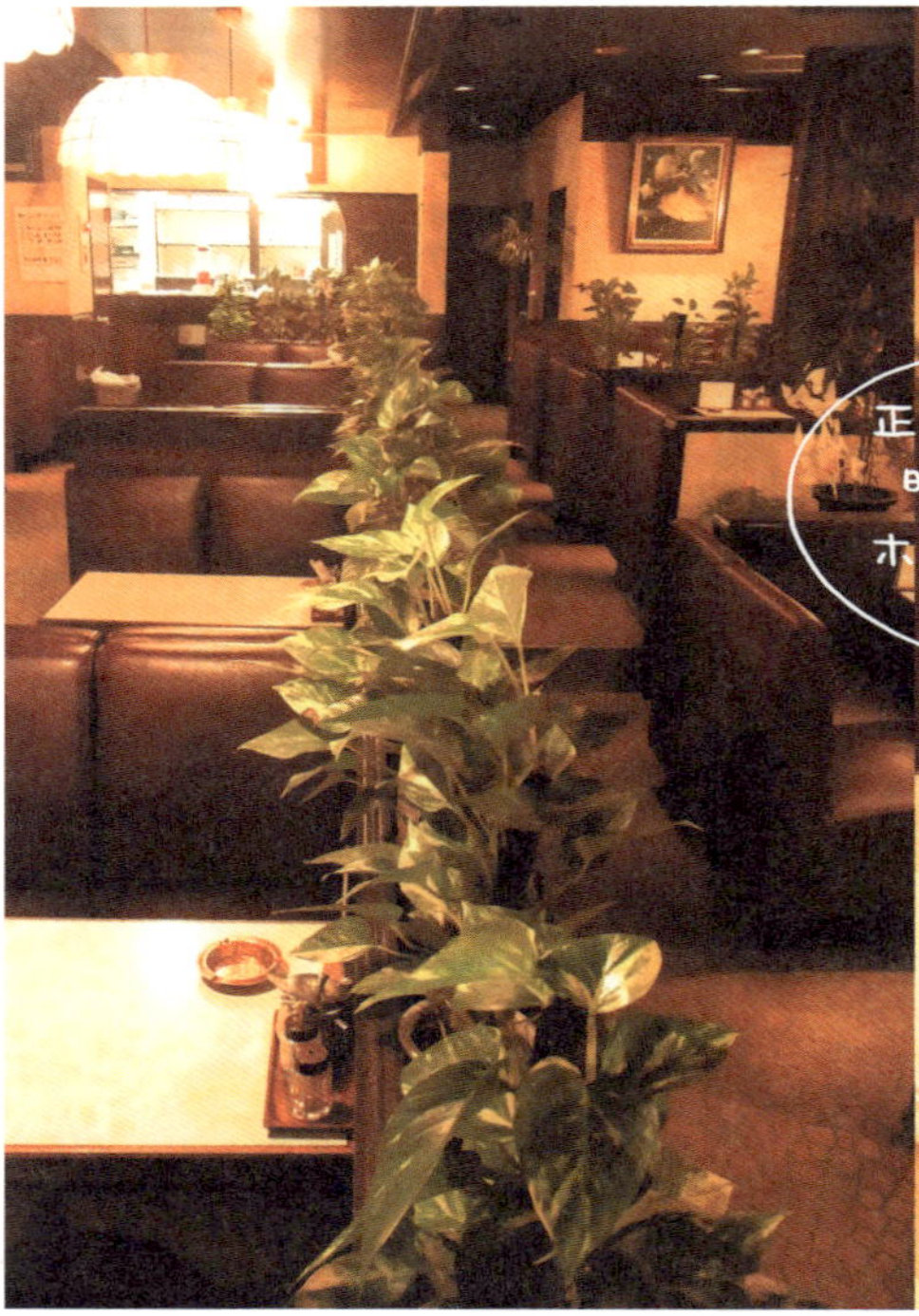

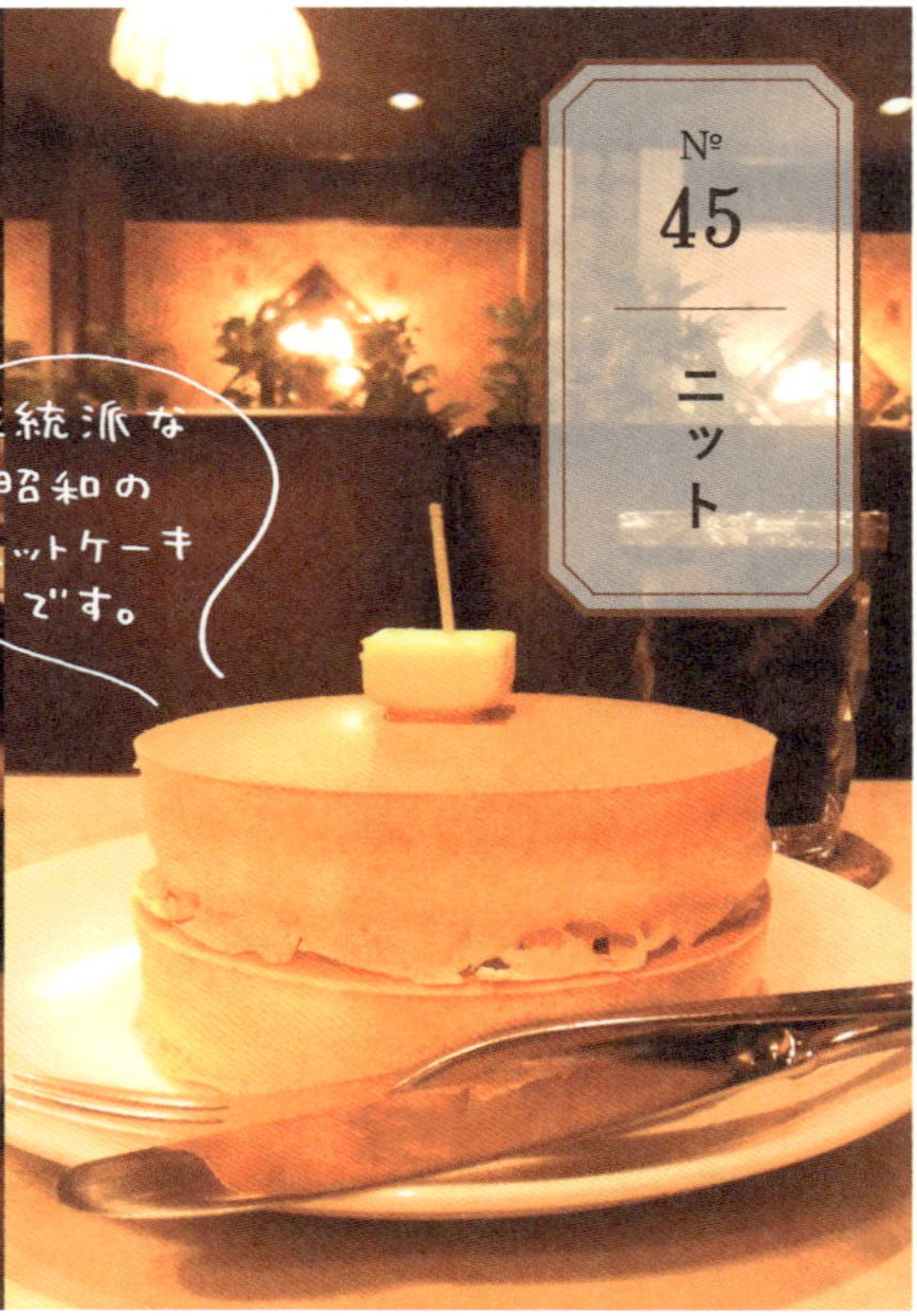
正統派な
昭和の
ホットケーキ
です。

№ 46 穂高

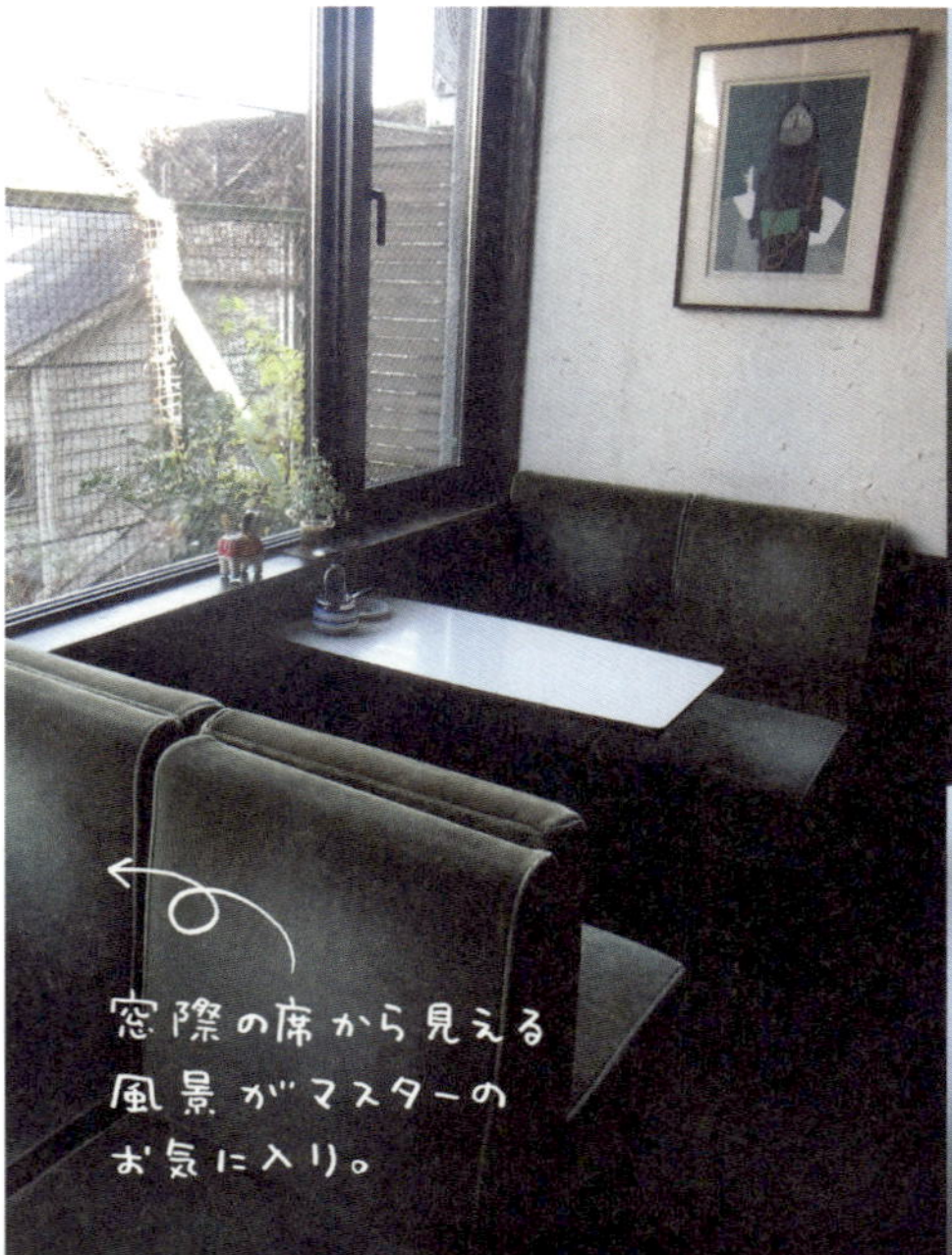
窓際の席から見える
風景がマスターの
お気に入り。

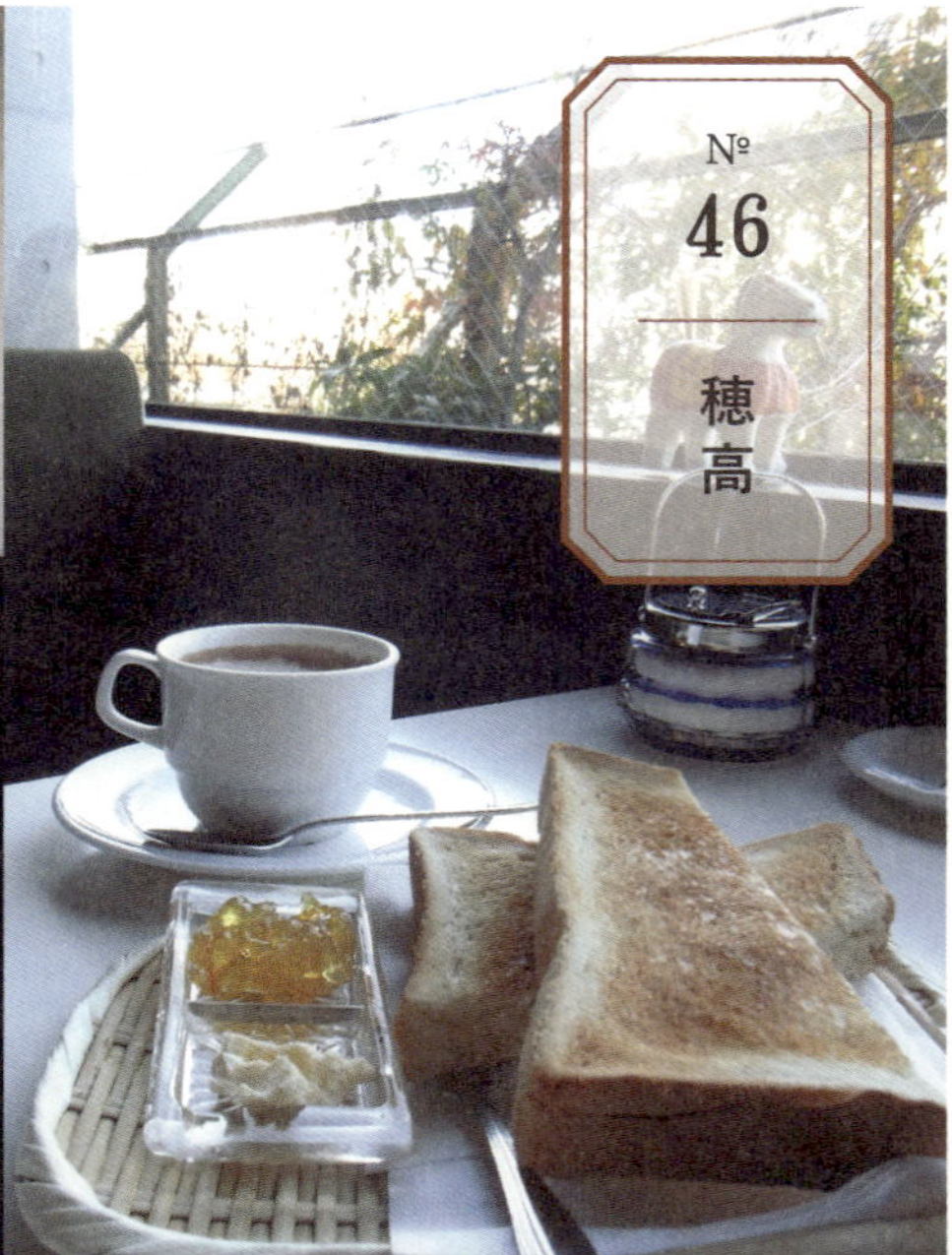

貴重な
アイリッシュコーヒー
専用の器具。
№
47
憩
coffee
コーヒー
cake
ケーキ

「酔える珈琲」
注ぐマスターの
真剣なまなざし。
№
48
ミュンヒ

№ 45

その昔メリヤス工場だった純喫茶で頂く看板メニューは分厚いホットケーキ

創業50年の「ニット」。店名は当時の名残り。メリヤス工場跡を喫茶店にして、現在より広く店内に日本庭園まであったとか。店に入ると、白いシャツに黒いパンツ、蝶ネクタイの店員が出迎えてくれます。席はパーテーションで区切られ、周りを気にすることなくのんびりと過ごせます。

注文後に、セルクル（型）を使用して焼き始めるホットケーキがこちらの看板メニューとなりました。驚くほど分厚く、まん丸に整い、てっぺんに四角いバターが爪楊枝で止められていて、かなりのボリュームで満腹に。「ナポリタンも美味しいのよ」というママのお薦めはまた次回に。

Data

東京／錦糸町
ニット
東京都墨田区江東橋四—二六—一二
〇三—三六三一—三八八四

№ 46

深緑色のソファに包まれて。駅から聞こえる電車のベルやアナウンスがBGMに

御茶ノ水駅を出てすぐ、駅沿いにある山小屋風の純喫茶。線路との高低差があるため、人気の窓際の席からは、線路を挟んだ向こう側の景色が見渡せます。暖かい季節には窓が開け放たれ、神田川から抜ける風も心地良い。店内は数年前に改装しましたが、以前の雰囲気をそのまま残してほしい、という常連の願いを大切にして、以前は壁に使われていた木材を天井に移築するなどの工夫がなされています。

珈琲は一度にたくさん淹れたほうが美味しいという理由から、朝に数十杯淹れられます。氷は、製氷機の無機質で大きな音が気になると、馴染みの氷屋から日々仕入れているこだわりも。

Data

東京／御茶ノ水
穂高
東京都千代田区神田駿河台四—五—三
御茶ノ水穂高ビル１Ｆ
〇三—三二九一—九六五四

№ 47

サイフォン？それともネルドリップ？珈琲の淹れ方が選べます

オレンジ色のひさしにスモークガラス。純喫茶愛好家ならぐっとくるそんな外観に、素敵なデザインの店名ロゴ。明るく落ち着いた店内は席もゆったり。壁には銅版画やレトロな照明が飾られ、奥には坪庭のような空間もあります。マスターの河野さんはやさしそうな方なのですが、看板メニューである、青い炎が妖艶なアイリッシュコーヒーを注ぐ時は真剣なまなざしに。その際、照明を落としてくれる演出も嬉しい。アイリッシュコーヒー専用グラスセットがある喫茶店は今では珍しくなったとのこと。自家焙煎珈琲は、ストレートからオリジナルまで種類豊富。かわいらしいマッチ箱も必見です。

Data

東京／八王子
憩
東京都八王子市三崎町二－一〇
〇四二－六二五－二〇五五

№ 48

高級カップ、ブロマイド、詩の朗読と、濃厚なのは珈琲だけではありません

住宅地に突如現れる「珈琲だけの店」の文字。扉を開ける前からマスターの堂々としたこだわりを感じます。メニューは豊富ですが、初来店のお客さんは通常、マスターのお薦めの珈琲を頂きます。バカラにマイセン……と、思わずカップを持つ指も震える高級さ。特に、1杯10万円というスペシャルな珈琲を注文した人だけが使用出来る、金色に輝く特別なカップの値段はなんと500万円。スプーン1杯分なら2000円で味見が出来ます。とろりとしていて高級なお酒のよう。舌と鼻で味わう酔える珈琲、というキャッチフレーズがぴったりです。お土産にはマスターが若かりし頃の男前なブロマイドを。

Data

大阪／八尾
ミュンヒ
大阪府八尾市刑部二－三八六
〇七二－九九六－〇三〇〇

№
49
ボンネット

№
50
神田伯刺西爾

№
51
チルチル

№
52
対山館

№
53
平均律

№
54
ルーブル

№
55
喫茶 富士

№
56
カスタム
珈琲
カスタム

№ 49

**センスのいい音楽が流れ
異国情緒溢れる空間で
チキンバスケットを**

さびれた路地にある映画館の看板に気を取られていると現れるロケーションが素晴らしく内装も期待通り。2階は現在使用されていませんが「昔は、2階席も常に満席になるほどの人気店だった」とのこと。コーヒーソーサーに描かれた女性のイラストもかわいらしく、何もかもにうっとりと。

Data

静岡／熱海
ボンネット
静岡県熱海市銀座町 8-14
0557-81-4960

№ 50

**純喫茶激戦区の街で
美味しい珈琲を飲みたく
なったらこちらを目指して**

古書と珈琲、は本当に好きな組み合わせ。好きな本を1冊買い、早く開封したい気持ちを抑えて喫茶店へ駆け込み、腰を下ろすと同時にページをめくります。「ペルーチャンチャマイヨ」という早口言葉のような珈琲豆の名前を覚えたのはこちらのお店。美味しいケーキと共に飲み干せば至福。

Data

東京／神保町
神田伯剌西爾（かんだぶらじる）
東京都千代田区神田神保町 1-7
小宮山ビル B1
03-3291-2013

№ 51

**メニューに外国語表記が
あるのは、観光地にある
純喫茶の特徴でしょうか**

成田山の門前にあり、街灯のような照明が飾られたゲートの奥へ進むと、少年少女のイラストが迎えてくれます。古き良き時代を感じさせるゴージャスなソファやカーテン、シャンデリア。初詣の時期は大変混み合いますが、丁寧な接客で、慌ただしい感じはせず、ゆったりと過ごせます。

Data

千葉／成田
チルチル
千葉県成田市本町 333
0476-23-1435

№ 52

**穂高、白馬、すみれ、
うすゆき……。珈琲に付け
られたのは、山と花の名前**

山と珈琲。その響きだけでうっとり。アウトドアが苦手な私は、中央線沿いの喫茶店で気分だけを味わいます。マスターこだわりのカレーと珈琲を頂きながら、毎月替わる壁面の絵を眺めて。一見こわもてのマスターがふと笑顔になった時、この喫茶店を登頂できた、という気持ちになります。

Data

東京／阿佐ヶ谷
対山館
東京都杉並区阿佐谷南 2-20-10
03-3314-1286

№ 53

一度止まった時間が再び動き出す。時間を重ねた珈琲色の憩いの空間

前は原宿にあり、閉店後しばらくして学芸大学駅に再開店し、昔からのファンを喜ばせました。シャンパングラスに作られる3層に分かれた美しいウィンナコーヒーの完成を、カウンター席に座り、バロック音楽に耳を澄ませながら見つめることをお薦めします。フレンチトーストも美味です。

Data

東京／学芸大学
平均律
東京都目黒区鷹番 3-7-5 2F
03-3716-6537

№ 54

今まで食べてきた中で一番お薦めのミートソースはコクがあって懐かしい味が

パン屋に併設された喫茶室であるこの店。自家製パンを売っているのは当然ですが、なぜか既製品のパンまで堂々と売っている不思議。数多くの喫茶店でミートソーススパゲッティを食べてきて、お薦めは？と聞かれたらこちらを挙げます。一見普通ですが、コクがあって懐かしい味がします。

Data

東京／東中野
ルーブル
東京都中野区東中野 4-1-8
上原ビル 1F
03-3371-3952

№ 55

入口上部にある、レンガで象どられた富士山も忘れずに眺めたい

月江寺という美しいお寺の前にあります。店内には小さな池と「お見合い橋」と呼ばれる石の橋が。昔は、そこを渡り奥の席に進むと良縁に恵まれるとされていました。サイフォンで淹れた珈琲を飲みながら眺める、壁にある富士山の写真は、著名な写真家だった今は亡き、ママの旦那様が撮影されたもの。

Data

山梨／富士吉田
喫茶 富士
山梨県富士吉田市下吉田 850
0555-22-5226

№ 56

お店のネーミングは好みの車に改造していく「カスタム自動車」から

音楽好きで、ギターを弾くマスターがいるお店。いつも心地良いオールディーズが流れ、食事メニューが豊富。マスターにとって喫茶店とは「憩いの場」だそうです。珈琲を飲んだり新聞を読んだり、誰もが思い思いに過ごせる場所であってほしいと願いながら、40年近く営業しています。

Data

東京／神田
カスタム
東京都千代田区神田錦町 1-1
神田錦町ビル B1F
03-3291-3616

純喫茶に
魅せられて
04

ひとつひとつの「コーヒーカップ」に思いを巡らせる時

坂の途中にある、とても有名な純喫茶はいつも賑わっていて、ひとりで訪れるとたいてい、継ぎ目の見当たらない一枚板のカウンター席に通されます。テーブル席を好む私は躊躇してしまうのですが、その日は夜も更けた時間帯だったせいか、隣に誰かが来ることはなく、緊張から解放されて自分のペースで過ごすことが出来ました。

この空間には私しかいないのではないか、と思うほどの静けさでしたが、振り向くとそこにはたくさんの人たちがいて、珈琲を飲んだり、ぼんやりしたり、誰かと楽しそうに笑ったりしているので、不思議な感じがします。

視線を戻すと、私の前の棚にはきらびやかなコーヒーカップがずらりと並んでいて、ふと目を惹いたのは、紫色と赤色のアネモネが描かれたカップでした。

その時、丁寧に淹れられた珈琲が運ばれて来たのですが、さっきまで気にも留めていなかったアネモネのカップでなかったことが少し残念に思えてしまいます。

珈琲専門店でカウンターに座る時、その人をイメージしてカップを選んでくれる、というのはよく聞く話で、私はアネモネには選ばれなかったのだ、となぜか勝手に悲しくなったのでした。


次回は、「あのカップで飲んでみたい」とこちらから伝えてみようか、いや、その時にもし誰かのテーブルの上にあるアネモネと目が合ってしまったなら、余計に悲しい思いをするのではないだろうか、とひとり問答を。

気長に、いつの日か憧れのカップが運ばれて来る日を待つというのも、喫茶店を好む者の楽しみとして良いのではないだろうか、と思い直し、美味しい珈琲をゆっくりゆっくり啜り、夜は更けていくのでした。

№ 57 ヘッケルン

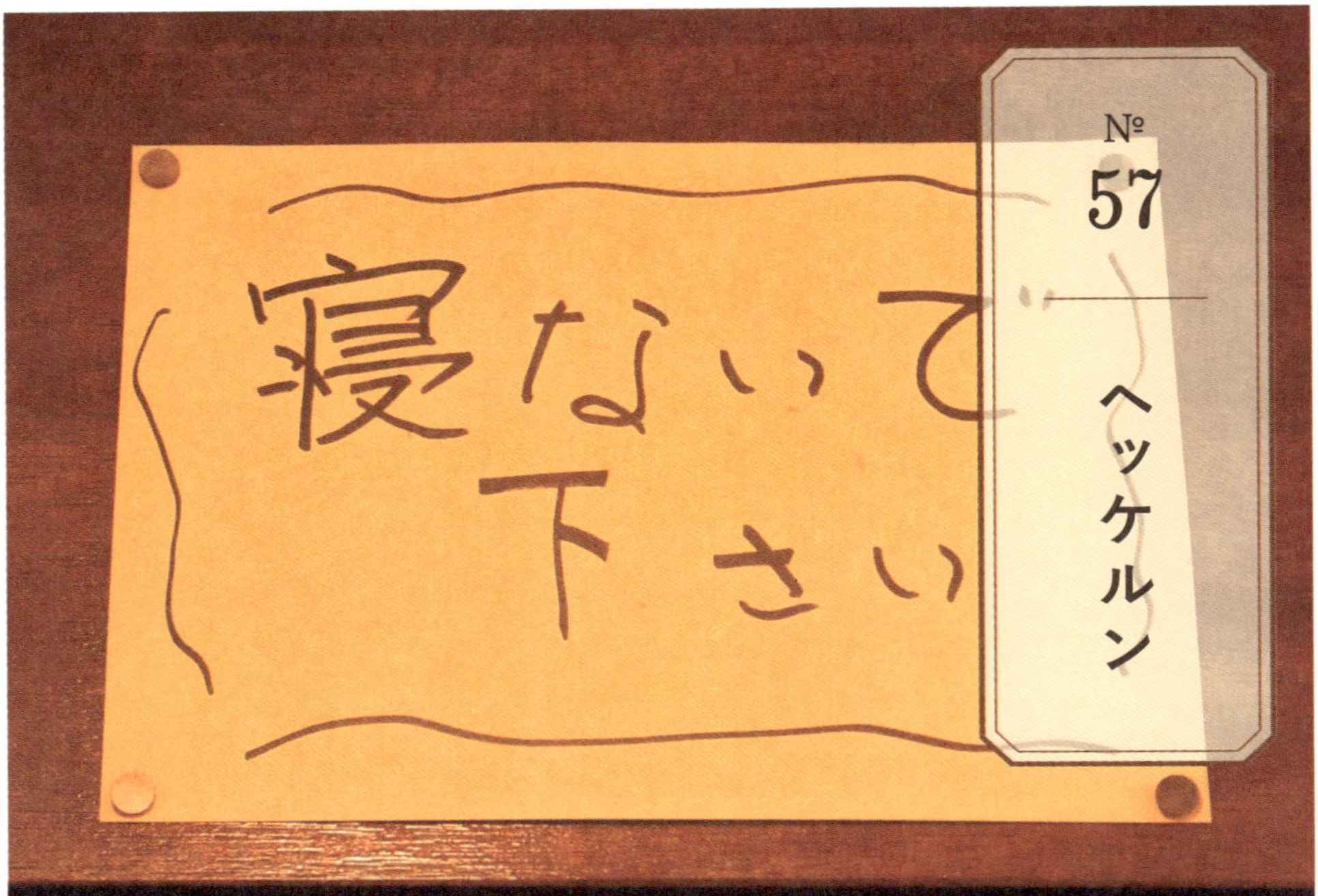

マスター自慢の
プリンは味も見た目も
百点です。

№ 58

リリー

一階は純喫茶、
二階は洋装店。

№
57

「ここにしかない何かを」マスターの想いが込められた大きなプリン

「人を覚えるときは目と鼻を結ぶ三角形をじっと見るんだよ。そうしたら絶対に忘れないから」。そう言うマスターの記憶力は確かなもの。私が、ずいぶん間が空いて再訪し扉を開けた時、じっとこちらを見て「久しぶり」と笑ったのです。

こちらで有名なのは大きなプリン。クリームやチェリーなどの飾りがないシンプルなもので、カラメルは苦さが絶妙。ひと口食べると「美味しい」という言葉がこぼれます。

しかし何度か通ううちにさらなる魅力に気付きました。混んでいない時の裏メニューのオムレツサンドもそうですが、なんといっても臨機応変に対応してくれるマスターの気遣いです。

ある夜の話。私がレモンスカッシュを待ってぼんやりしているとカップルがお店に。扉を開けるなり男性が「今日は彼女の誕生日なんですが、こちらでケーキを食べてもいいですか？」とマスターに尋ねました。何と答えるのかと見守っていると「いいよ。ケーキを切ってあげるから貸しなさい」と快諾。しかも、預かったケーキにロウソクを灯して「ハッピーバースデイ！」と祝ったのです。この光景を見守っていた店内のお客さんもつられて拍手。「ここに来たら何かいいことがある、そういってもらえたら嬉しいんだよ」と笑うマスターは、やって来る人みんなを虜にしてしまうのです。

Data

東京／虎の門
ヘッケルン
東京都港区西新橋一－二〇－一一 安藤ビル１S
〇三－三五八〇－五六六一

№ 58

アーチ状のカウンターは端の人同士が話せるようにという心配りから

東京オリンピックの前年、1963年から営業を始めたこちらは、石神井公園駅から続く賑やかな商店街を抜けた住宅街にあります。1階は純喫茶、2階はリリー洋装店。喫茶店は半地下になっていて、扉を開ける前に中の様子をガラス越しに見られますが、その時点で卒倒しそうになる美しさ。マスターを囲むようにゆるやかなカーブを描くアーチ状のカウンターにはサイフォンが並び、テーブル席上の天井には半月形の仕切りが。

「1か月のアルバイトのつもりで働きに来て、気が付いたらあっという間に52年が……」とマスターの根本さん。当時は俳優を目指していたが、お父様が急死し、兄弟を養うために働くことを決心したという。長い間同じことをこつこつと続けることの大変さ、素晴らしさに涙が出そうになりました。

ランチ時には、魚の定食がメニューに出ます。近くの区役所に勤める女性客のために「すべて独学で学んだ」というマスターの料理はとても人気で、売り切れることも多いらしいです。過去には、遠方からカニを取り寄せて食べるなど、色々なイベントも開催してきました。「生きていればみんなに会えるし、何か困ったことがあったら話を聞くから悩む前にここへおいでよ」とおおらかに笑うマスターに会いたくて、今日も多くの人がこちらに足を運びます。

Data

東京／石神井公園
リリー
東京都練馬区石神井町三―二九―五
〇三―三九九五―九六九五

№
59
ボンナ
奥にある一面の鏡が
店内を広く見せています。

TABASCO
粉チーズ
今ではなかなか
出会えない銀色の
お皿に載せて。

№
60
車
純喫茶
車
車

COFFEE
ばじりこ
営業中
COFFEE
ばじりこ
可愛い
ひらがなフォントに
思わず惹かれて。
№
61
ばじりこ

御影石がふんだんに
使用された贅沢な壁。
№
62
stone

№
59

「ボンナ」とはラテン語で
「知性」。東大前にある店に
ふさわしいネーミング

本郷三丁目駅から少し歩き、東京大学の目の前にこちらが。昭和を感じさせるレトロフューチャーな照明と内装で落ち着いた雰囲気です。

以前は全てテーブル席でしたが、パソコンを使う人が増えたことで、入口付近の半分をひとり掛けのカウンター席に改装。奥行が広く作業しやすいところも学生に対する気遣いなのでしょう。一方、低めのソファ席は思わずため息が出るほどの心地良さでとても寛げます。奥の席にはなぜか民芸雑貨のコーナーもありつい見入ってしまいます。無駄な音のしない世界で、ガラス窓の外に広がる、季節を問わず美しい銀杏の木をずっと眺めていたい。

Data

東京／本郷
ボンナ
東京都文京区本郷六－一七－八
〇三－三八一一－八五七〇

№
60

空間のみならず、メニューも
価格も昭和のまま止まって
しまっているよう

初台駅から少し歩くと暮らしやすそうな商店街に出ます。しばらく進むと突如現れるのがこちら。大きく「車」と書かれた上部には家紋のようなマークがあります。あとから考えたら、タイヤを表現しているのかもしれません。入口ドアのガラスはオレンジ色で、赤い取っ手が。

プランターで仕切られた店内には若草色のソファが並び、中央には大きなシャンデリアが光ります。ナポリタンが、今では珍しくなった銀色の皿で運ばれて来て、これは見た目も味も正統派。余談ですが、小田急線梅ヶ丘駅にある同名の純喫茶「車」はマスターの弟さんが営む店です。

Data

東京／初台
車
東京都渋谷区本町六－六－一二
〇三－三三七八－二二二八

№ 61

銀座生まれ銀座育ちの粋なマスターが営む正統派純喫茶は1974年創業

茶色で統一された店内は無駄なものがなく、これぞ王道という貫禄が。光に透けるカーテンは、白と茶色のストライプが印象的。最近では、店内や珈琲の写真を撮らせてほしい、という人が増えていて、何に使うのかしら？　と訝しがるママ。素敵な店内を記録に残したいのです、と私が代表してお返事を。

ソーサーとお揃いのコーヒーカップは、昔よく見かけたレトロなデザインで、トーストにはたっぷりのバターとジャムが添えられているのも嬉しいです。メニューにはバジリコを使ったものはありませんが、喫茶店では珍しい「ジャンバラヤ」の文字を見つけたので、次回は注文してみたい。

Data

東京／東銀座
ばじりこ
東京都中央区銀座三—一五—一六
〇三—三五四一—四八六七

№ 62

あの「有楽町ビルヂング」完成と同時に中で開店 今もいっそう魅力的な空間

初めてこちらを訪れようと住所を確認したなら「有楽町ビルヂング」の表記にときめくのではないでしょうか。御影石や大理石をふんだんに使った重厚かつクールな内装は、オーナーの実家が石材店ということから実現したとかで、当時の建築雑誌などにも多く取り上げられたそうです。

当初は、剣持勇さんデザインの椅子を使用していましたが、歳月を重ねたため安全面から交換を。現在のオーナーである奥村さんは、お父様が引退する際、閉店の話が進んでいたところで引き継ぐ決意をし、現在まで営業を続けています。この素晴らしい空間の存続への決断に深く感謝を捧げます。

Data

東京／有楽町
stone
東京都千代田区有楽町一—一〇—一
有楽町ビルヂング1F
〇三—三二一三—二六五一

№
63
ブルートレイン

№
64
コーヒーマツモト

№
65
サンバレー

№
66
アンデス

№
63

時代の流れで廃止される寝台列車。珈琲駅から乗車してひと時の旅を

鉄道に関する様々なコレクションはまるで博物館。オリジナルのトーストは信号を模した3種類のジャムが彩ります。ＳＬブレンドは時間をかけて水で抽出した贅沢な味。列車の客席風のテーブル席の横には美しいジオラマ。鉄道模型は時間帯によって替わり、カウンターでは自分で運転も可能です。

Data

富山／鹿島町
ブルートレイン
富山県富山市鹿島町 1-9-8
076-423-3566

№
64

来てくれる人たちのために値段は当時のままとメニューは昭和価格

映画&ドラマ「私立探偵 濱マイク」ファンの聖地となった店。壁に使用された材料も今では貴重なものというレトロな世界。十数名も入れば満席というこぢんまりとした店内。カウンターの中から作業の手は止めずきちんと笑顔を向ける姿から、マスターのファンも多いことでしょう、と思いました。

Data

神奈川／黄金町
コーヒー マツモト
神奈川県横浜市南区真金町 2-12
045-231-8631

№
65

鈍く光るガラスのドアに古びてかすれても残った「純喫茶」の文字

「今では夜に珈琲を飲む人がすっかり減って」と言いながらも、微笑みを絶やさずカウンター奥にいるママ。ふらりと立ち寄る常連客、遠方から訪れる純喫茶愛好家、それぞれが嬉しいという。壁に備え付けられた黒いクッションは、昔、男性のポマードで壁が変色するのを防ぐ役割もあったとか。

Data

栃木／宇都宮
サンバレー
栃木県宇都宮市池上町 4-21
028-634-8320

№
66

かつての若者たちと共に時間を重ねてきた変わらない空間が貴重です

練馬駅の目の前にあり、ひとりで過ごすのにも待ち合わせにも便利な店。大きな本棚に膨大な本や雑誌等が並び、粋な大人のための図書館のようです。漫画『タッチ』の作者、あだち充さんもよく訪れていたとか。年季の入ったテーブルで、ぜひ、熱々の鉄板ナポリタンを頂きましょう。

Data

東京／練馬
アンデス
東京都練馬区豊玉北 5-17-9
井上ビル２F
03-5999-8291

純喫茶に
魅せられて
05

「マスター」の数だけ笑顔があります、珈琲の味があります

純喫茶のマスターやママという人たちは、たいていが変わり者だと思っています。もちろん褒め言葉としての「変わり者」ですが。

一日じゅう、誰かに珈琲を淹れ続ける生活というのは、どんな気持ちなのでしょう。

科学的な根拠についてはわかりませんが、珈琲は淹れる時の気持ちが味に影響すると聞きます。

苦々しい気持ちで淹れた珈琲は、いつもよりも濃い味がするのでしょうか。

幸せな気持ちで淹れた珈琲は、砂糖を入れたみたいに甘い味がするのでしょうか。

そして扉を開けてやってくる人たちも同じで、皆が皆、いつも笑顔で穏やかな気持ちでいるとは限らず、様々な感情を抱えて純喫茶を目指すのです。

店主というものは「営業中」の札を外す一日の終わりまで、たとえどんな表情の人がやってきても、笑顔で迎え入れないといけないのです。大変なことだとしみじみ思います。

以前、その思いや疑問を、ある喫茶店のマスターにぶつけてみたことがあります。そりゃあ大変だよ、というニュアンスの言葉が返ってくるかと思いきや「いやあ、だから楽しいんだよ」と笑っていました。やはり変わっています。

同時に、なんて素晴らしいことでしょう、と心の中でひとり言をつぶやいてみたのですが、すぐあとに「そんな変わり者たちが愛する空間を１０００軒以上も訪れるあなたも仲間だよ」と返された言葉に、なぜだか嬉しくなって、つい私も笑いました。

魅惑の純喫茶マッチ

03

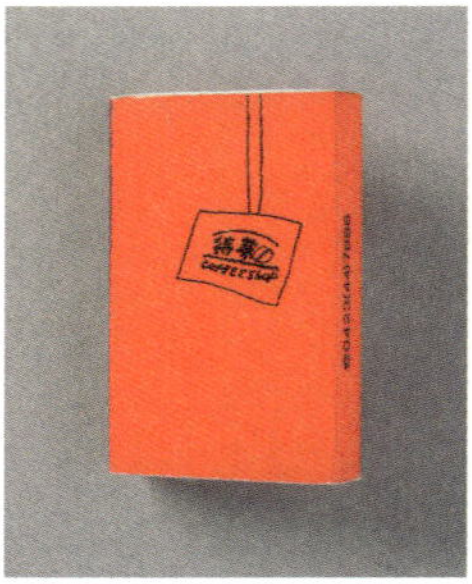

小川・待夢

東銀座・ミモザ

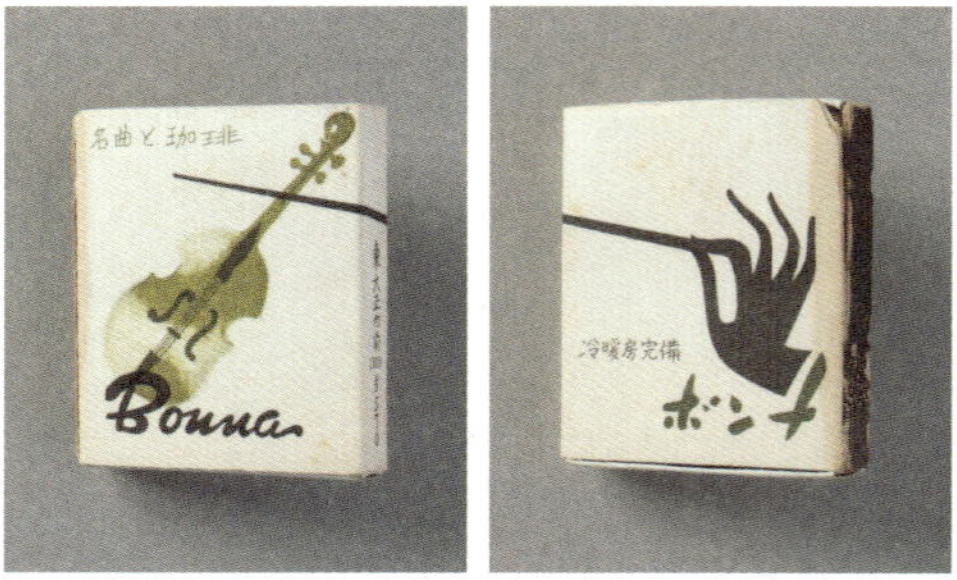

本郷・ボンナ

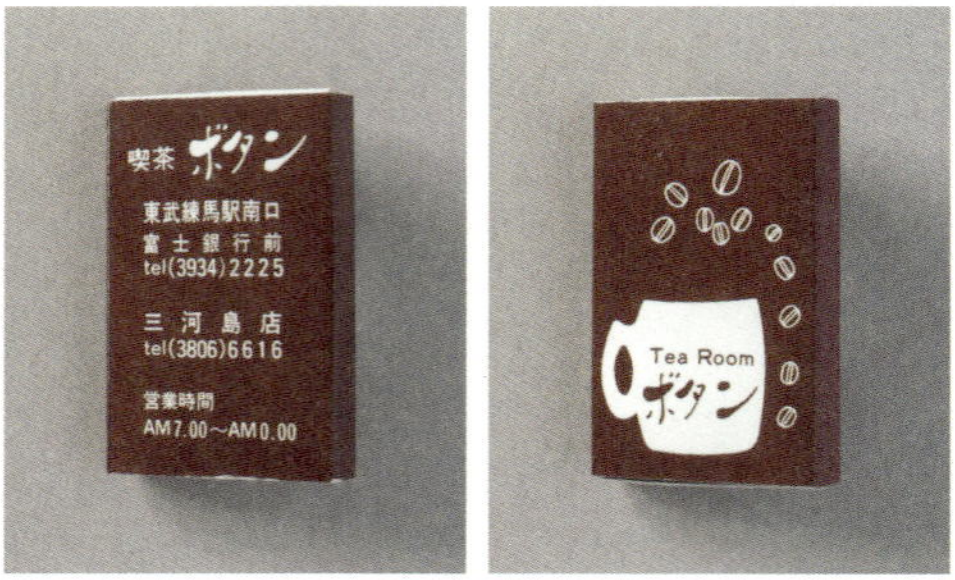

東武練馬・ボタン

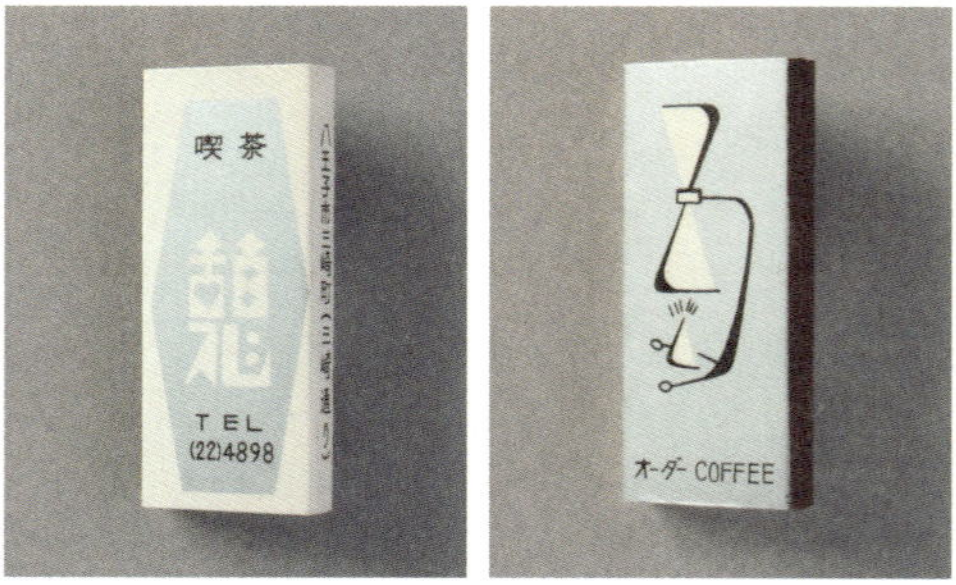

八王子・憩

西武柳沢・宮殿

大阪・スワン

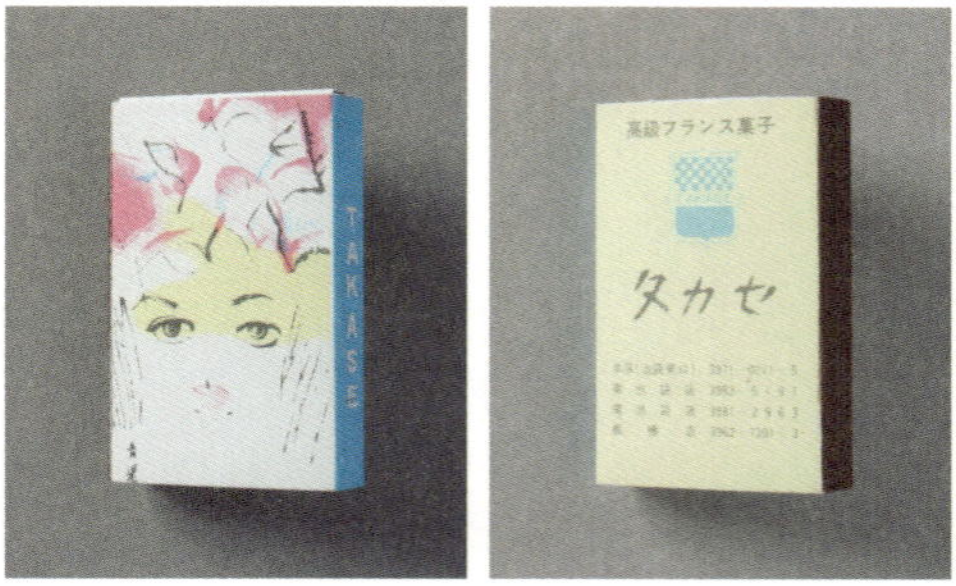

池袋・タカセ

神保町・エリカ

岡山・平和

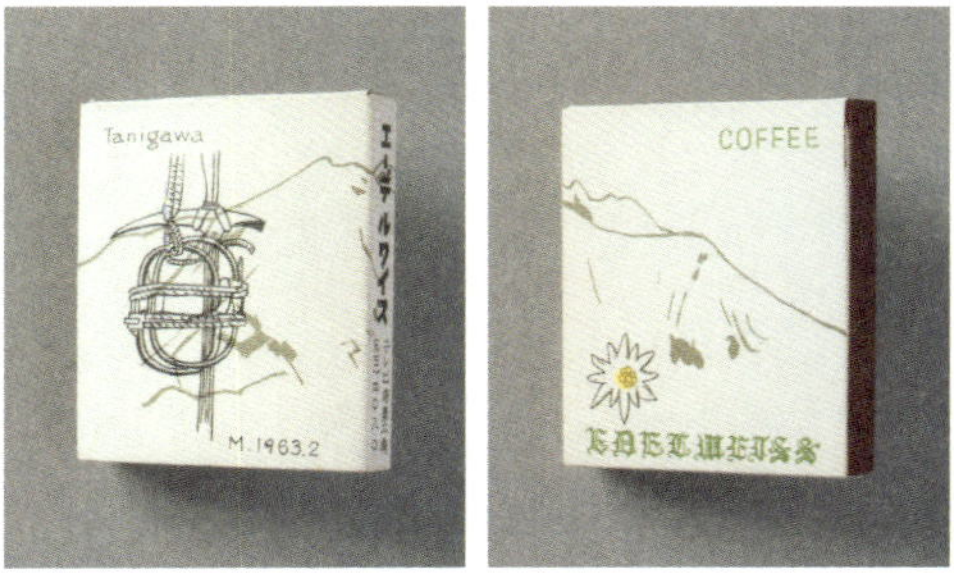

名古屋・エーデルワイス

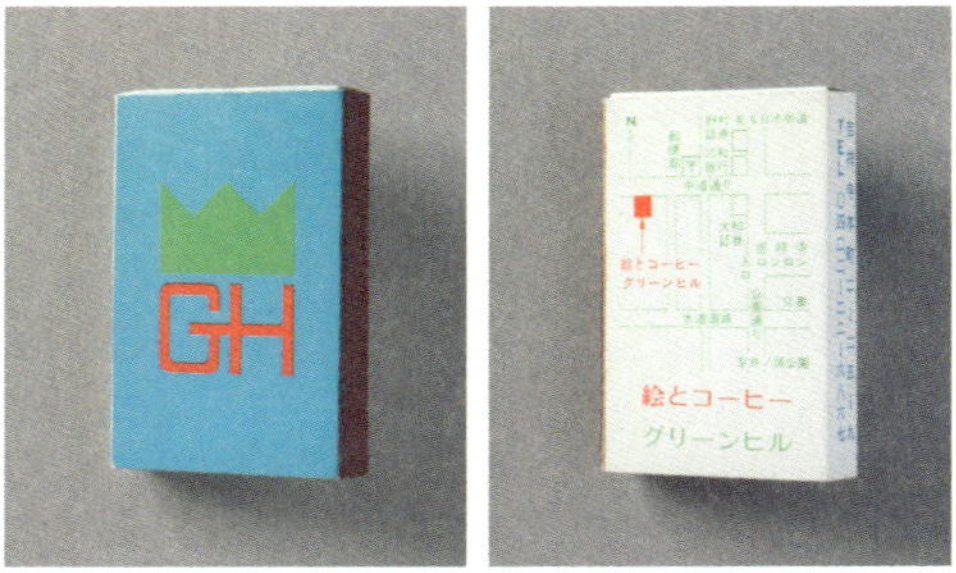

吉祥寺・グリーンヒル

青森・モナリザ

駒込・アルプス

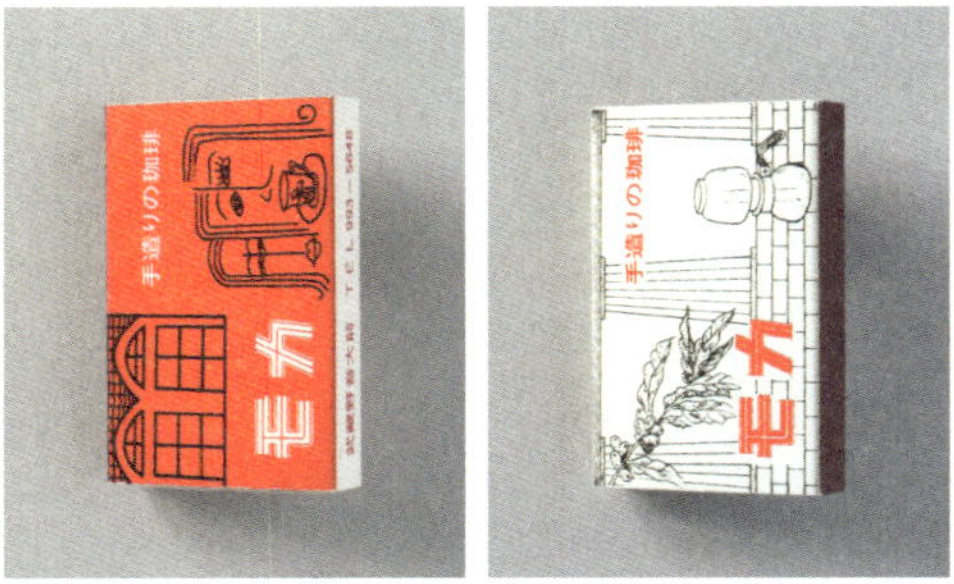

江古田・モカ

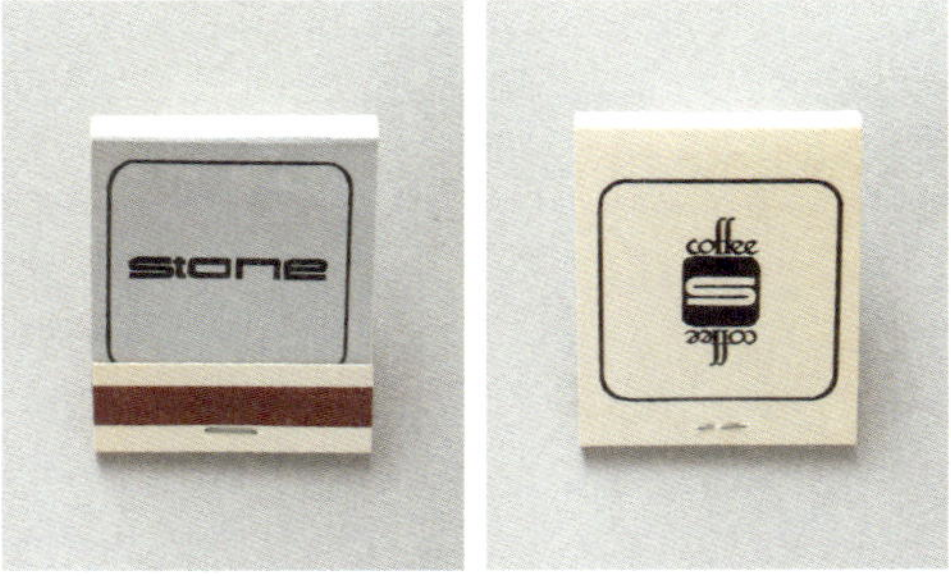

有楽町・stone

日本全国 純喫茶へ、1000軒

注)・情報は著者が訪問した時のもので、閉店していることや、現状と異なる場合があります。・純喫茶ではないものの、ほど近い雰囲気のパーラー、食堂、ケーキ屋、パン屋なども含まれています。

		北海道	
№001	ウィーン	札幌・中央区	巨大なスピーカーに向かって座る名曲喫茶のスタイル。クラシックと珈琲を楽しめます。
№002	オリンピア	札幌・中央区	地下にあるゴージャス系喫茶店。道庁の前にあり、いつもサラリーマンで賑わいます。
№003	ロスマリン	札幌・中央区	レースのカーテン越しに上品な店内が。年季の入った空間は、ほっと落ち着きます。
№004	サンローゼすすきの店	札幌・北区	惜しまれつつも閉店した札幌の巨大喫茶。純喫茶好きの間でもファンの多い店でした。
№005	ミカド	札幌・東区	わざわざ足を伸ばしたい店。デザインの秀逸なマッチ箱をお土産にぜひ、ひとつ。
№006	米華堂(べいかどう)	小樽・花園	昭和3年創業。小樽でもっとも古い洋菓子店。ひかえめな色の椅子が綺麗でした。
№007	コロンビア	小樽・花園	シャンデリアにベロアのソファがまさに純喫茶。訪れる人の目当てはさくさくのパイ。
№008	純喫茶 光	小樽・稲穂	薄暗くて心地良い空間。吊るされたオイルランプ、珈琲関連の調度品が品格を。
		青森県	
№009	きりまんじゃろ	弘前・北川端町	たくさんのピエロのマスクや仮面がずらり。マスターも「夜はちょっと怖い」と笑います。
№010	純喫茶 みらぼお	黒石・市ノ町	静かで落ち着いた店。珈琲の匂いの中でレモンケーキを。驚きの美味しさでした。
		宮城県	
№011	LOFT	仙台・青葉区	入口の看板に「ココアの美味しい店」とあったので注文したら、看板どおりでした。
№012	エビアン東一番町店	仙台・青葉区	赤く重たいベロアのカーテンに、控えめな灯り。遅い朝食にはホットサンドがお薦め。
№013	喫茶室 花	仙台・青葉区	椅子は赤茶色の革張り。ぐるりと丸いカウンターで頂く青いソーダ水にうっとり。
№014	珈琲カルタゴ	仙台・青葉区	白い壁、淡い照明、窓の光、つやのある革の椅子が安心感を醸し出してくれます。
№015	どんぐり	仙台・青葉区	天井の真っ赤な照明で照らされた椅子も床も、薔薇のような赤に染まっていました。
№016	ベニー	仙台・青葉区	縦じまのひさしがかわいい店。中は想像よりも広く、モダンな調度品でいっぱいです。
№017	ホシヤマ珈琲店本店	仙台・青葉区	一番安い珈琲が「一杯1000円」。ちょっとだけ、よそいきの時にぴったりの店です。
		福島県	
№018	珈琲グルメ	福島・栄町	全席禁煙の店。マッチや紙ナプキンに描かれているおじさんのイラストが特徴的です。
		茨城県	
№019	花きゃべつ	水戸・南町	お昼のせいかビジネスマンでいっぱい。それもそのはず、ランチの美味しい店でした。
№020	フローラ	水戸・南町	水戸周辺の純喫茶の平均閉店時間は14時。食後は外を眺めながら素敵な珈琲時間です。
№021	サザコーヒー	水戸・宮町	「徳川慶喜公が欧米の公使をもてなした」という由来の美味しい将軍珈琲が頂けます。
№022	珈琲館 エトランゼ	日立・大甕	黄緑色の外観と扉に飾られた紫色の押し花。ゴージャスな内装とどこか家庭的な雰囲気。
		栃木県	
№023	サンバレー	宇都宮・池上町	→P90掲載
№024	朱苑(しゅえん)	宇都宮・駅前通り	外国の観光地の古い写真が、壁一面にあります。そのくすんだ色が雰囲気を出してます。
№025	ブーケ	宇都宮・大通り	椅子も壁もガラスに貼られたシールも、少し埃をかぶった造花も含めて、味わいの店。
№026	遊	鹿沼・蓬萊町	路地で迷って見つけた店。スズランの形の灯り。マスターは庭仕事をしていました。
№027	論談館(ろだんかん)	日光・川治温泉	中へ入ってしばらくして、やさしそうなマダムが出てきました。のんびり喫茶店です。
№028	喫茶 むじんぞう	日光・鬼怒川温泉	スナックのような店内。きらびやかな椅子がカウンターに並び、お客もたくさん入れます。
№029	グリルあさや	日光・鬼怒川温泉	「喫茶むじんぞう」の2階にあるけど、喫茶店と同じメニュー。桃色の椅子もキュート。

№030	マロニエ	日光・鬼怒川温泉	→ P26掲載
№031	喫茶 すいらん	日光・山内	差し込む陽射しがいい感じ。奥は食事処で、手前は飴色の椅子が並ぶ喫茶空間です。
№032	喫茶 美鈴	日光・湯西川	カウンター、4人掛けのボックス席だけの空間だけど、ぬくもりのある店でした。
		群馬県	
№033	コンパル	高崎・鞘町	→ P38掲載
		埼玉県	
№034	喫茶 エビスヤ	さいたま・浦和	大きな窓と鏡のせいか、広い店。自家製ホットケーキとアイスコーヒーで幸せでした。
№035	伯爵邸	さいたま・大宮	→ P59掲載
№036	クラウン	さいたま・蕨	→ P51掲載
№037	アルマンド	川口・並木	散歩の途中に出会った店。穏やかそうなマスターが淹れる珈琲が、とっても美味しい店です。
№038	カフェ ラボ	川口・西川口	看板の文字に惹かれて入店。広くてシンプルな店内の窓際のカーブがとても素敵です。
№039	あぶり珈琲	川越・大手町	店内はレトロ調、使い込まれた木のテーブルは、それだけで落ち着かせてくれます。
№040	二葉	越谷・蒲生	暖かい石油ストーブが、まるでどこかの駅の待合室のようで雰囲気まで暖かい店です。
№041	ニュー白馬車	越谷・蒲生	知らない街を散策中に出会いました。白と黒の素敵なマッチを頼りに再訪してみたい。
№042	インプス	春日部・粕壁東	「コーヒー＆トーク　憩いのひととき　香り高き珈琲で」の看板だけで好きになりました。
№043	ジョイ	春日部・大場	看板の「珈琲パーラー」の文字、オレンジ色のカーテン、緑色の床、全部が好きな店です。
№044	プルマン	草加・栄町	貝の灯りの下で種類の多いメニューに迷い、座り心地の良い花柄の椅子に長居しました。
№045	アンクル	草加・高砂	夜、ぼんやり照らされた看板を見つけてうれしくなりました。でもなぜか看板が逆さま。
№046	マロニエ	草加・氷川町	キノコのようなオブジェ、窓のステンドグラス風シールなど、店内の全てが素敵です。
№047	yell	草加・住吉	一度しか訪れてないけれど、やさしい色合いのマッチ箱でやさしい店を思い出します。
№048	珀欧亭	久喜・中央	背もたれの高い椅子が心地良く、店内に広がる珈琲の匂いを楽しみながら読書です。
№049	ピッコロ	久喜・中央	一見普通の住宅のような店だけど、ピザトーストがチーズたっぷりで、濃厚でした。
№050	いちごの木	東松山・神明町	思いつきで訪れた駅周辺で見つけた店。丁寧に作られたケーキがとても美味でした。
№051	魅乃瑠（みのる）	東松山・松山町	暖炉から火がパチパチと音を立て、珈琲の香りが広がる。とてもくつろげるお店です。
№052	再会	東松山・箭弓町	雰囲気が中野の喫茶店「クラシック」に似ています。珈琲がじんわりと温かい店です。
№053	喫茶 小松	羽生・中央	所用のときに見つけた店。駅から近く、ゆったりした席で美味しい珈琲を楽しめます。
№054	チロル	北葛飾郡・杉戸町	食後の冷たい珈琲が素敵。ブランデーが入っていたのかとろりとしてやさしい味でした。
№055	パロキア	南埼玉郡・宮代町	喫茶店で食べるピザが大好き。ここも、本格派というよりシンプルで魅力的な味でした。
		千葉県	
№056	喫茶室 よしの	船橋・本町	入りにくそうな外観ですが、中はゆっくり出来ます。居眠りしてる人もいました。
№057	セピア	船橋・本町	奥の半円を描く座席が素敵です。漫画も充実でこの日は『ゴルゴ13』を楽しみました。
№058	モナリザ	船橋・本町	店内は広く、壁のあちこちにモナ・リザ。テーブルは磨かれ、昭和の雰囲気を残してます。
№059	ユー珈琲店	船橋・本町	カーテンが陽射しに透けて、手書きのメニュー、石油ストーブさえも好みの空間でした。
№060	チャオ	津田沼	お気に入りのホットケーキは、窓の陽射しに映えて綺麗なきつね色。味も特上です。
№061	タンネ	市川・市川	珈琲ゼリーに、真っ白なアイスクリームと赤いさくらんぼ。好みの盛り付けです。
№062	ミワ	市川・市川	入口に「シャンソン」教室の案内、コンサートのお知らせ。店内にはピアノがあります。
№063	ポム	市川・本八幡	陶器の小さな置物が売られてます。こだわりあるマスターのかけるボサノヴァが素敵。
№064	ミナレット	市川・南八幡	喫茶店というより洒落たバーの雰囲気。ふんわりした椅子ほか、居心地は抜群です。
№065	マイセン	市川・行徳駅前	今では貴重になった大きな水出し珈琲器が何台もあって、もちろん珈琲も美味しいです。
№066	壱番館	市川・南行徳	テーブルが広くてゆったり、心地良い店。ピザトーストもさくっとして美味でした。

№067	カフェ ド モン	浦安・当代島	いくら歩いても喫茶店が見つからない街で見つけた店。緑に包まれた好みの店でした。
№068	コーヒー ヒヨシ	松戸・本町	珈琲を飲むのにちょうどいい灯り、珈琲の歴史を綴る看板など、全てが好みの店です。
№069	若松	松戸・本町	まるで旅館のような和風の造り。壁には家紋のようなマークが数種類描かれています。
№070	珈琲園	松戸・常盤平	テーブルに描かれた珈琲豆とカップの絵が素敵。茶色で統一され、光もやわらかでした。
№071	ポポ	松戸・常盤平	カウンターには新鮮な果物がずらり。蜜柑のジュースはとてもみずみずしい味でした。
№072	OB流山宿	流山・加	山小屋のような居心地の良さ。名物は、金魚鉢のような大きさのカップの飲み物です。
№073	みち	市原・五井	店に入るとマダムの笑顔。温かい珈琲とホットケーキ。どちらも丁寧な風味でした。
№074	チルチル	成田・本町	→ P74掲載
		東京都	
№075	喫茶 白鳥	小岩	喫茶店に恋し始めた時に行っていた店に似ていて、さびれ過ぎず、適度な賑わいです。
№076	純喫茶 シャトー	小岩	ステンドグラスの曇り具合が印象に残ってます。味のある商店街にありました。
№077	ファンタジー	小岩	入口の「いらっしゃいませ」の文字が懐かしい。店員さんも感じのいい人ばかりです。
№078	フルハウス	小岩	棚にぎっしりと並べられたレコード、ガラスの向こうで笑っているこけしに魅かれます。
№079	モルダウ	小岩	店に入ると、時間の流れが止まったような感覚。クラシックで居心地の良い店です。
№080	珈琲 ワンモア	平井	こんがり焼き色のホットケーキとフレンチトースト。どちらも「幸せなおやつ」です。
№081	ミカド	平井	コーヒーカップの店名が目印。シャンデリアに銅板テーブル、ベロアのソファがシック。
№082	ミヤマ	平井	夕方の家の団欒の匂いがする店。喫茶だけでなく食堂としても受け入れられてます。
№083	珈琲 キャット	亀戸	マスターのデザインなのか、店名の文字がユニークで、ぐっときます。珈琲は格安です。
№084	珈琲道場 侍	亀戸	カウンターに並ぶロッキングチェアに揺られながら珈琲。バナナパフェ＋バナナジュースもお薦め。
№085	ピーコック	亀戸	喫茶店には珍しくキッチンに面していないカウンター。テーブルは現役のゲーム台です。
№086	デリカップ	錦糸町	髭の男性がかわいい看板の店。分厚いバタートーストは香ばしく、苺ジャムがお薦め。
№087	トミィ	錦糸町	BGMは、珈琲とホットケーキを作る音。しんとした空間が居心地の良い店です。
№088	ニット	錦糸町	→ P70掲載
№089	ヒロ	両国	銀色の皿のナポリタンが絶品。椅子はケチャップ色。お相撲さんもよく来るとか。
№090	喫茶 瀬羅夢（せらむ）	浅草橋	バンダナ巻いた楽しいママがお出迎え。ランチの時には手作り惣菜のバイキングも。
№091	純喫茶 有楽	浅草橋	赤い椅子の空間、モダンなソファの空間、宇宙のような空間と、3分割の造りです。
№092	琥珀	東大島	食事のメニューも豊富。店名のイメージどおり茶色で統一された家具が落ち着きます。
№093	ルノワール	住吉	入るとシャンデリア。レースのカーテン、ビロードのソファと、定番の素敵な喫茶店。
№094	チロル	菊川	かわいい赤のひさしが目印。看板の黒と黄の配色も素敵。そして店内は驚くほどすっきり。
№095	鍵	森下	下町らしいさっぱりとした店。メニューも豊富で、職場近くにあったらな、と思います。
№096	つかはら	森下	喫茶店だけどメニューは飲み屋に近く、近所の人たちの晩ごはんスポットでもあります。
№097	カヨ	門前仲町	赤いひさしが目印の店。珈琲を飲んだだけでマスターが入口まで見送ってくれました。
№098	峰	東陽町	ゴージャスな店内。椅子もベロア。適度に放っておいてくれる距離感が嬉しい店です。
№099	喫茶 ライフ	月島	扉の模様入りガラス窓、大理石のテーブル、クリームソーダのさくらんぼまで素敵。
№100	ふるさと	月島	喫茶店には珍しくハンバーガーが名物。もちろん美味。店の白と青の壁が綺麗でした。
№101	愛養	築地	エッグスタンドのゆで卵を楽しみにモーニング。トーストも食べやすくて、素敵です。
№102	サンマルコ	築地	橙色と白のショーケースがかわいい店なのですが、白い花のような照明が一番です。
№103	ひよ子	築地	珈琲が安く、茶色の椅子が好きだった。築地で働く人たちが身近に感じられる店です。
№104	ポプラ	築地	モモンガ愛溢れるマスター夫妻に、珈琲を飲みつつモモンガを触らせてもらえる店。
№105	マコ	築地	市場場外の赤い扉の店。名物のお雑煮はとても美味しくて、思わず笑顔になる店です。

№106	マップ	築地	静かな店内。たとえば夏の暑い日にゆっくりと時間を過ごすにはとてもいいところです。
№107	ウール	馬喰横山	店名は繊維の問屋街から。ホットケーキを注文したら大きな容器で蜜がたっぷりです。
№108	華月	小伝馬町	喫煙可能で昼はビジネスマンで賑わいます。でも、夜は静かにゆっくり過ごせます。
№109	コット	小伝馬町	冬の寒い日に珈琲を頼むと、マスターが暖房をつけて、チョコまで添えてくれました。
№110	ジオローズ	小伝馬町	カウンター席がメインのこぢんまりした店だけど、奥から綺麗な音楽が流れてました。
№111	ディスカス	小伝馬町	静かな店と思ってたら、マダムが元気で話が面白い。店の青い椅子の導入話が好きです。
№112	ボンジュール	小伝馬町	「綺麗な水で淹れた珈琲は美味しいでしょう？」と笑顔のマダム。はい。素敵でした。
№113	BLOOMING	人形町	「オフィスも人も減ったから、いつでもゆっくりしに来てね」とやさしいママの店です。
№114	GUCHI	人形町	アンティークな店内には、いたるところに馬具。地元の人たちでいつも賑わってます。
№115	あっぷる	人形町	珈琲のいい香りがするのは、自家焙煎と禁煙のおかげ。ついケーキに目移りします。
№116	かうひい屋	人形町	マダムお手製のケーキと一杯ずつ淹れてくれる珈琲をゆっくりと味わうため、禁煙です。
№117	喫茶 RON	人形町	ショーケースに「手作りの味を」の言葉。厨房ではマスターが一生懸命料理してました。
№118	越路	人形町	テーブルの間に美しいステンドグラスの照明。その灯で愉しむ珈琲は格別でした。
№119	ハンモック	人形町	「昼過ぎまで」しかやってない店。大きな窓からの緑の街路樹と歩く人々が借景です。
№120	ポニー	人形町	気持ちのいい午後、レースのカーテン越しの陽射しを思い出します。マスターの顔も。
№121	レモン	人形町	レモン色のカーテンのかかる店内は静かな雰囲気。その中でマダムはきびきび動きます。
№122	ロイド	人形町	有名純喫茶「快生軒」のマスターの兄弟の店。トーストは有名なペリカンのパンです。
№123	ワコー	人形町	注文のパフェはもちろんよかったけど、苺の載ったホットケーキも美味しそうでした。
№124	BUNMEIDO CAFE	三越前	冷たい飲み物を注文した時のコースター、看板猫のイラストがとてもキュートです。
№125	CAFE メラミ	三越前	白いシャツに黒いネクタイが映えるマスターの作るナポリタンのセットが有名です。
№126	ウエスト レトロ カフェ	三越前	いつも頼んでしまうイチゴのショートケーキ。グラスの金色の天使も実は好きです。
№127	風待茶房	三越前	１階はギャラリーで、小さな店にいくつもの絵が並ぶ。ママの笑顔の素敵な店でした。
№128	木屋	三越前	老舗金物屋に併設された喫茶室。絵画も飾られ、落ち着いた空間でしたが閉店に。
№129	珈琲 郷	三越前	店外のクラシックなメニューサンプル。「中の値段は昔の価格です」の紙がかわいい。
№130	サロン ド テ マルフク	三越前	「ウエストレトロカフェ」の跡地に出来た大阪発祥の店。ホットケーキと濃厚な珈琲が人気。
№131	ニューブラジル	三越前	入口の壁の黄色の文字のメニューが素敵。アイスティーのグラスもとても綺麗です。
№132	ぱるぱど	三越前	日当たりのいい店で美女とマスターが迎えてくれる。美女とは壁のマリリン・モンロー。
№133	ミカドコーヒー	三越前	モカソフトが有名なお店です。竹久夢二の絵が描かれた袋の豆は、贈り物にも。
№134	アルプス	東日本橋	とても好みの素敵な壁紙、飴色の椅子の艶、かわいいシュガーポットとみんな素敵です。
№135	喫茶 銅鑼	東日本橋	使い込まれた革のコースターのアイスコーヒー。窓の陽射しが珈琲を琥珀色に見せます。
№136	CAPTAIN	日本橋	メニューが豊富で、夜は飲み放題のセットも。ちょっとした食堂のように賑わう店です。
№137	COFFEE LOTUS	日本橋	テーブルの灰皿と水の入ったグラスの色合いが素敵。バナナジュースはかなり好みです。
№138	Eagle	日本橋	看板には「レストラン」。喫茶メニューもありながら、洒落た飲み物もあります。
№139	梅むら	日本橋	入口に象のサトコちゃんの置物。赤と黒の椅子が並び、トランプのような色合いです。
№140	和（かず）	日本橋	ミルクセーキが美味しい店でした。敷かれたレース、丸いグラスもとても素敵でした。
№141	カフェ ラ フレッサ	日本橋	大きな木のテーブルが私の好きな場所。カウンターの向こうから珈琲の湯気が立ちます。
№142	喫茶 えいと	日本橋	まあるいフォルムの椅子とゲーム台にときめいていたが、再開発で残念ながら閉店。
№143	喫茶 薔薇窓	日本橋	デパートの中のオアシスのような店。店内はシンプルで、壁には薔薇の飾りがあります。
№144	げるぼあ	日本橋	日本橋高島屋裏の桜並木の道沿い。春は窓の外が桜色に染まり、美しいのでしょう。
№145	東洋	日本橋	赤と黒のトランプのような椅子と、壁の模様がかわいくて珈琲ももちろん美味しい店です。

№146	ナガシマ	日本橋	茶色の革張りのソファにレトロな照明。交差点近くにあり、夕方も賑わっていました。
№147	ニュートーキョー談話室	日本橋	思いのほか広く、シャンデリアが豪華。テーブルの間も広くて、ゆったり出来ます。
№148	花時計	日本橋	ホットケーキに特化した店です。食事向きからデザートまで、なんでもあります。
№149	フルーツパーラー レモン	日本橋	フルーツは、お皿に10種類近くあります。食べ終わるのが名残り惜しいぐらいでした。
№150	門	日本橋	イメージどおり店はゴージャス。ただ、言わないとメニューを出してもらえないことも。
№151	ルイーズ	日本橋	コーヒーフロートはかなり満足。食事メニューも豊富なので今度はランチに行きます。
№152	ルノアール 日本橋本町店	日本橋	お気に入りの緑色の椅子は喫煙席だったので、ふかふかの灰色の椅子に座りました。
№153	羅苧豆（ろーず）	日本橋	壁やカウンターには薔薇のオブジェ、固めでプルプルした好みの珈琲寒天を頂きました。
№154	Q	京橋	白いドアノブを押して入ると時間の止まった空間。L字形のカウンターがユニークです。
№155	カトレア	京橋	運ばれてきた水のグラスに繊細な白いレースのコースター。小さな気遣いが素敵な店。
№156	ハスキー	京橋	階段を降りたら、無心で扉を開けてほしい。想像以上にクリーム色の空間が広がります。
№157	パストラル	京橋	珈琲を光に透かした時の色の椅子や、壁に咲く絵、アーチの天井、どれも素敵です。
№158	may	兜町	東京証券取引所でひと仕事終えた人のオアシス。かき氷の味を、今でも覚えています。
№159	Coffee Bob	八丁堀	細長い店内にテーブルと椅子がずらり。グラスの下の冷たい銀色のコースターが素敵。
№160	エル	八丁堀	ステンドグラス風シールが、街の灯りできらめきます。名物はホットケーキでした。
№161	しんぷる	八丁堀	その名のとおりシンプルな店。バックライト付きのメニューがきらきらしてユニークです。
№162	COFFEE 田園	金町	赤いビロードのソファ、テーブルの椿の花が印象的。自慢のカレンダーは自家製です。
№163	純喫茶 アラスカ	金町	一軒家の店。手前と奥の空間では照明が違い、奥のチューリップのような灯りが素敵です。
№164	純喫茶 シャレード	金町	タツノオトシゴの看板に惹かれて入ると、水槽に熱帯魚、棚に漫画と昔ながらの店でした。
№165	純喫茶 クラウン	亀有	薄暗い蛍光灯、旧型のレジスター、色褪せた赤いひさしだけで、素敵な純喫茶の店です。
№166	純喫茶 サヴォイア	亀有	比較的広い店内です。壁一面が岩で覆われている端っこの席で珈琲を頂きました。
№167	ニュー幌馬車	亀有	ナポリタンがとても美味しい店です。しっかりした昭和の味付けでファンも多いとか。
№168	レモン	亀有	使い込まれた飴色の椅子、壁の曲線模様、愛想の過ぎないマスターが印象的でした。
№169	TOPS	綾瀬	広い店内は禁煙席と喫煙席に。周りを気にせず、ゆったりと自分の時間を過ごせます。
№170	藤	綾瀬	私の好きな高架下の店。名物のタマゴサンドは表面がかりっと焼けて大好きな味です。
№171	蘭蝶	綾瀬	飴色の淡い灯りがすごく好み。客が、思い思いに時間を過ごしているお店です。
№172	COFFEE HOUSE エリカ	竹ノ塚	お薦めは、杯を掲げる女性のステンドグラスが眺められる席。ナポリタンが絶品でした。
№173	カフェ ド フレグランス	西新井	扉を開けるとマスター夫妻がにっこり。アイスカフェオレは生クリームたっぷりでした。
№174	甘味 かどや	西新井	昔の中華料理屋や定食屋でよく見かけた赤い椅子が置かれ、値段も驚きの安さの店です。
№175	シルビア	西新井	シンボルマークである女性のイラストのグッズが販売されていたら、といつも思います。
№176	ブーケティエール	西新井	西新井大師の参道へ向かう途中の店。植物と光が溢れる店内は、森のような佇まいです。
№177	ゆたか	西新井	桃色の花柄のコースターをもらいたいと告げると、マスターから大量に頂きました。
№178	シルビア	梅島	ゴージャスな椅子は深く腰かけると、まるで体にくっ付いてしまったように沈みます。
№179	茶居留都（ちゃいるど）	梅島	想像していたよりもずっと素敵な家具や雑貨。銅板のテーブルがとてもシックです。
№180	ふる〜と	梅島	２階への階段を上がると落ち着いた飴色の空間。スパゲッティのメニューが豊富でした。
№181	喫茶 姿麗人（しゃれーど）	五反野	紫の看板や緑色のひさしに面食らうけど、中は綺麗で灯りがやさしいたまご色です。
№182	珈琲 あかしや	五反野	カウンター奥に静かに座るママ含めて、そこには純喫茶の素晴らしい風景がありました。
№183	Coffee House壹番館	北千住	店が花や緑で溢れていて美しい店。訪れた時は、桃色の綺麗な薔薇が咲いていました。
№184	アロハ	北千住	壁一面にヤシの絵で、夕暮れのハワイ。でも、常連の奥様方が歌うのは演歌なのです。
№185	カフェ コパ ガーデン	北千住	温かい感じの店内で、フラワーパンという花の形のパンと、珈琲を頂きました。

№186	喫茶 蔵	北千住	昔ながらの蔵を店として利用しています。店内に入ると、天井が高いことに驚きます。
№187	喫茶室 サンローゼ	北千住	噴水のようなオブジェがあり、スペースごとに雰囲気が違う。禁煙席も嬉しい店です。
№188	クローネ	北千住	隠れ家のような店は、自家焙煎の珈琲がお薦め。珈琲専門店だけどケーキも美味です。
№189	珈琲 留舗(るぽ)	北千住	ステンドグラスの少女が印象的。窓辺の、子どもと警官の絵のタイルが不思議議でした。
№190	シビア	北千住	三角形の店。それはカップでも店名でもなく、敷地のこと。正面から見るとわかります。
№191	シルバー	北千住	緑色の椅子が印象的な店。店内は灯りが鏡に反射して綺麗で、夕方が特にお薦め。
№192	シャンティ	北千住	純喫茶というよりは珈琲専門店ですが、こちらのケーキと珈琲がとても好みです。
№193	セリーヌ	北千住	古い造りなのに綺麗な店内。ミートソーススパゲッティを炒める音が素敵に響きます。
№194	千住宿 珈琲物語	北千住	店内のインテリアは、ステンドグラスなど大正モダンで統一されていて、落ち着きます。
№195	談話室 ムービー	北千住	壁一面のステンドグラス。トーストを頼むと厚切りでバターの加減もちょうどいいです。
№196	ティーサロン　みゆき	北千住	大きなシャンデリア、使い込まれた黒革の椅子、磨き込まれたテーブル。全部素敵。
№197	ニューあわや	北千住	イルカがぶら下がり、壁には隙間が見えないほどの絵や写真。コロッケが有名です。
№198	ミルクホール モカ	北千住	天井が高くない店だけど、圧迫感はありません。むしろ居心地の良い空間なのでした。
№199	ダン	千住大橋	「ホットヒト息ツイタナラ元気イッパイ今日モ再ビ」というメニューの文字が嬉しい店。
№200	楓林(ふうりん)	千住大橋	外観はとても古いけど、中はこざっぱりと明るく、猫の置物や写真がたくさんあります。
№201	オンリー 南千住店	南千住	緑と茶色のインテリアは、椅子の足まで素敵。黒いメニューもとってもお洒落です。
№202	カフェ バッハ	南千住	珈琲を飲ませるだけではなく、珈琲を楽しみ、好きになってもらいたい思いを感じます。
№203	喫茶 モア	南千住	アーチを描く入口の形が好き。ジャズが流れ、時々コンサートも開かれてます。
№204	珈琲 ボン	南千住	外観は新しくなったけど、テーブルも椅子も年季もので、昔の店の面影を楽しめます。
№205	リオ	南千住	国道４号線沿い。飲食店の少ない界隈で、地元の食堂的存在として重宝されてます。
№206	珈琲茶館 エンゼル	三ノ輪	お薦めはピザトースト。やわらかくて美味しくて、隣の人が同じものを頼んでました。
№207	コールドンブルー	三ノ輪	まるで宇宙にいるかのような青と橙色のまあるいランプに、思わず目を奪われました。
№208	アイリス	三河島	タイル壁の樹木と人の絵がかわいくて、薄緑色の椅子ととても合う店内が素敵です。
№209	甘味喫茶 やまびこ	三河島	壁の赤い笠の照明がユニーク。ホットケーキが、安くて盛りが良く、何より美味でした。
№210	珈琲専門店 ユー	三河島	店内がとても清潔なお店。昔から使われている家具たちも、どれも艶々としていました。
№211	高級純喫茶 ウィーン	三河島	灯りが豪華で好み。年季の入ったソファ、ウィーンの雰囲気がそこら中に溢れてます。
№212	おいしい水	新三河島	壁の灯りが蛇口の形。溢れ出る光を「水」としてイメージさせる、お洒落な店です。
№213	喫茶 ナルビ	新三河島	お気に入りはタマゴトースト。常連と話しながら作る、マスターの手元が好きです。
№214	和風喫茶 白樺	新三河島	古めかしい看板や、紫と緑と白を基調とした配色が印象的。和の佇まいが映える店です。
№215	喫茶 白十字	高砂	印象的なのは、マダムの感じの良さ。控え目に薦めてくれるしぐさが素敵でした。
№216	純喫茶 アイドル	高砂	緑地に黄色の文字の看板。今と違う配色センスが素敵。珈琲はすっきりした味でした。
№217	カフェ ルミエール	立石	地元の人で賑わう商店街に。かわいい生クリーム入りのアイスコーヒーが好みです。
№218	たんぽぽ	立石	うす暗い照明、ほどほどに愛想のいいマスター。静かに流れる音楽が見事に合う店。
№219	喫茶 小石	お花茶屋	線路沿いにある店の灯りを見るのが好きだったけど、いつの間にか閉店してました。
№220	朝昼晩	堀切菖蒲園	夕方から夜になるとマスターがネクタイを締め始め、演歌が流れてくる不思議な店です。
№221	シルビア	堀切	以前は系列３店ありました。ベロアのソファにシャンデリア、メニューも豊富でした。
№222	喫茶 志摩	鐘ヶ淵	橙色のソファが並ぶテーブル席、懐かしいゲーム台の席。昭和な純喫茶が香る店です。
№223	喫茶 ぽてと	八広	細い路地にあり、宝物を見つけた気持ちになる店には本棚に漫画がいっぱいでした。
№224	喫茶 まるや	八広	店に入ると、マダムから満面の笑みで注文を聞かれ、氷ミルクを頼んだら美味でした。
№225	純喫茶 ナルサワ	八広	ゲーム台テーブルを選ぶと、店員さんが「足もと狭いので他の席へどうぞ」と親切に。

№226	珊瑚	東向島	深い緑色のビロードのソファが心地良い店。壁一面の銅板のレリーフもお洒落です。
№227	ロペ	東向島	細長い店と思ったら、奥にもうひとつの部屋。椅子も照明も違うのがユニークでした。
№228	カド	向島	→ P59掲載
№229	純喫茶 マリーナ	向島	長野県で生まれたマスターの憧れだった「海」がモチーフ。鉄板焼きナポリが有名です。
№230	喫茶 エデン	曳舟	年季の入ったサンプルケースがあるのに自動ドア、というギャップがかわいい感じでした。
№231	喫茶 ペロケ	曳舟	ケーキもあるけど、ラーメンや甘味も食べられる。和の佇まいで、座敷の席もあります。
№232	コーヒーショップ はなや	曳舟	窓から射し込む光に飴色の椅子が映えます。木のメニュープレートがお気に入りです。
№233	珈琲 ジロー	曳舟	広くないけど、窓からの陽射しでいつも明るい店。お薦めは野菜の大きなナポリタン。
№234	純喫茶 キャノン	曳舟	大きな窓に囲まれた店。想像よりずっと広く、アイスミルクコーヒーがお気に入りです。
№235	暖	曳舟	アイスコーヒーを注文すると、魚のような形の不思議なグラスで運ばれてきます。
№236	伽羅（きゃら）	押上	シンプルな造りで、赤い椅子、白いレースカーテン。なぜか、いつもときめきます。
№237	シロウマ	押上	外から見るよりずっとくつろげる店。アイスコーヒーの銀のトレイがとても素敵です。
№238	ティーサロン 白樺	押上	その街で暮らす人と話が出来るのが喫茶店のいいところ。昔の東京の話を聞きました。
№239	モカ	押上	閉店の日は、広くない店が満員に。丁寧に淹れられた珈琲は、忘れられない味です。
№240	砂時計	本所吾妻橋	花柄の布が背もたれにかけられた清潔感のある店内。窓際が見通しよく、落ち着きます。
№241	SLOW	浅草	常連の女性が「ここはリビングだから」と笑う。そんな気さくな喫茶店は今では貴重。
№242	アンヂェラス	浅草	個性的な味の梅ダッチ珈琲を楽しめます。洋菓子と合わせて頂くとほっこりと。
№243	エノモト	浅草	これぞ純喫茶という店内。頂くクリームソーダはいつ飲んでも特別な味がします。
№244	エリーゼ	浅草	木の手摺りで2階へ。灯りも、飾られた花も、水色のグラスも、どれもセンスがあります。
№245	オンリー合羽橋店	浅草	珈琲とトーストを注文したら、田原町の「ペリカン」製だったので嬉しくなりました。
№246	オンリー千束店	浅草	照明が多く、きらびやか。縦にずらりと並ぶベージュの革張りの椅子も綺麗でした。
№247	喫茶 パンサー	浅草	白と灰色のシンプルな店だけど、ソファは穴が開いてたり深く沈んだりと面白い店です。
№248	喫茶 モンブラン	浅草	店内に入るとその広さに驚きます。緑の椅子が禁煙席、奥の飴色のソファが喫煙席です。
№249	金龍	浅草	入口の鉄の看板がかわいい。生クリームとさくらんぼのプリンが美味しいお店です。
№250	銀座ブラジル	浅草	あつあつチキンバスケットが美味しい店。純喫茶の多い浅草でも、雰囲気は好みです。
№251	珈琲 アモール	浅草	真紅の薔薇の花が描かれた大きなステンドグラスが、店内に映えてる美しい店です。
№252	珈琲 アロマ	浅草	カウンターに座ると今でも緊張。でもマスターの穏やかさのせいか、ついつい饒舌に。
№253	珈琲 ケント	浅草	看板の書体だけでレトロな店だとわかります。入口も橙色のガラス扉でさらに素敵です。
№254	珈琲 サニー	浅草	カウンターの向かいに柱時計がずらり。マスターに聞けば、逸話を聞かせてくれます。
№255	珈琲 ロッジ赤石	浅草	店は飴色で統一、奥にレトロな柱時計。ヒゲのマスターが笑顔で注文を聞いてくれます。
№256	珈琲屋 ハロー	浅草	店名の「ハロー」は、戦後間もない頃、進駐軍にもわかるようにとの配慮が由来です。
№257	純喫茶 クラウン	浅草	椅子や照明、階段途中にある札も素敵だった。マスターも感じ良く、これぞ下町の店。
№258	純喫茶 みち	浅草	トーストは、有名パン屋さん「ペリカン」製。モチモチしてて美味しいです。
№259	ジョイ	浅草	純喫茶の多い浅草界隈でも広めの店。漫画を読んでのんびりと過ごせる店です。
№260	デンキヤホール	浅草	名物は「ゆであずき」だけど、かき氷の「小豆入りのミルク」も甘すぎず素敵な味でした。
№261	東洋	浅草	「味の祭典」がキャッチフレーズ。吊り下がっているシャンデリアが素敵です。
№262	ニューフロンテ	浅草	青々と輝く看板が美しい。椅子は淡い緑色で統一。ブルーハワイソーダがお薦めです。
№263	ニューライト	浅草	鳥の剥製や人形の飾りが。ミートソースを頼んだら、懐かしい記憶を呼び起こす味。
№264	ピーター	浅草	想像よりもこぢんまりとした店の壁には「浅草ビッグパレード」の大きな絵があります。
№265	フルーツパーラー ゴトー	浅草	お洒落な内装ですが、老舗フルーツパーラーが手がけるとびきりの果物が味わえます。

№266	ブロンディ	浅草	芸人さんもよく利用するという喫茶店。大通りに面していて、入りやすい店です。
№267	ペガサス	浅草	細長い空間で、広く感じるのは壁の両面の大きな鏡のため。奥には大画面テレビも。
№268	待合室	浅草	上品な店内なのに大画面の競馬放送。それを見る人たちが穏やかで、いい感じです。
№269	ロッキー	浅草	テーブルが懐かしいゲーム台。しかも椅子は背もたれが小さく丸くてかわいいです。
№270	ローヤル珈琲店	浅草	店はいつも常連客や観光客で賑わっています。ホットサンドが名物のようです。
№271	ハトヤ	蔵前	トーストに敷かれていた２羽の鳩の紙ナプキンは、かわいくて、いまだに宝物です。
№272	白根屋	稲荷町	昔の食堂の雰囲気。焼きそばにかき氷、あんみつにクリームソーダ。嬉しく迷います。
№273	らい	稲荷町	→ P67掲載
№274	喫茶室 朝顔	入谷	白レースのカーテンが素敵な窓際の席。珈琲を楽しみながら外の祭りを見しました。
№275	珈琲 キャラバン	入谷	奥に焙煎室、ふんわりと珈琲の香りが漂う。天井には「世界の珈琲の呼び方」がずらり。
№276	珈琲 サン	入谷	淡い色合いの東郷青児の絵を眺めながら頂くミートソーススパゲッティが好きです。
№277	王城	上野	改装されたけど、ゴージャスな雰囲気はそのまま。ホットケーキセットが美味です。
№278	丘	上野	→ P18掲載
№279	喫茶 中央	上野	天井にステンドグラスのような灯り。テーブルのアイスコーヒーが反射して綺麗です。
№280	喫茶 ドリーム	上野	名物はクリームソーダ。ソーダの緑とさくらんぼの赤の取り合わせに見惚れました。
№281	喫茶 マドンナー	上野	窓際にかわいい白いレースがかかっている喫茶店は、それだけで無条件に好きです。
№282	喫茶 マドンナー 2階	上野	あたりまえのように使われているゲーム台の席で、ナポリタンを堪能。広い店内も魅力。
№283	ギャラン	上野	上野で一番ゴージャスな純喫茶。ネオンが輝き、店員の制服にも昭和らしさが。
№284	黒門	上野	美しい薔薇のステンドグラスを眺めながらの、ホットケーキセットがお薦めです。
№285	古城	上野	まるで岩風呂のように大きな石に囲まれた店内は、温度が低く居心地良い場所です。
№286	聚楽台	上野	まるで竜宮城のような店内。気になりつつもいつも素通り。閉店前に一度だけ訪問。
№287	純喫茶 カトレア	上野	階段を下りると思ったよりも古くなく、さっぱりと綺麗。正統派なクラシック喫茶店。
№288	エリエート	御徒町	１階と中２階の落ち着く空間。トーストを注文すると４枚あってボリュームたっぷり。
№289	ガルミッシュ	御徒町	御徒町の喧騒から逃れられる静かな喫茶店。階段にある船の舵やスキー板が素敵です。
№290	珈琲 シーボン	御徒町	船に使われるガラスの照明が宙にぶら下がっています。アメ横へ行く前にひと休みを。
№291	珈琲 ドリーム	御徒町	黒レースのカーテン、煙草のポスター、テーブルの懐かしいライターが店を彩ります。
№292	自家焙煎珈琲 ラパン	御徒町	ラパンブレンドを注文。マスターはネルドリップで丁寧に珈琲を淹れてくれました。
№293	渚	御徒町	純喫茶に夢中になり始めた頃、最も通った海の中のような青色の綺麗な店です。
№294	フィドラー	御徒町	豚のモチーフが溢れる店。御徒町の高架下にあり、珈琲とホットドッグが美味です。
№295	梨白珈琲店	御徒町	猫が昼寝をしているような路地裏の店。落ち着いた雰囲気でサンドイッチを楽しめます。
№296	アラビカ	末広町	たった一度しか訪れなかったことが、とても悔やまれます。午後の陽射しが綺麗でした。
№297	フルーフ デゥ セゾン	末広町	果物たっぷりパフェを求める女性客に人気。クロワッサンフルーツサンドも美味でした。
№298	泉	熊野前	喫茶店と同じくらい商店街も好き。そんな商店街の端にある店の珈琲は格別です。
№299	高橋屋	熊野前	甘味も楽しめる清潔感のある店。ラーメンやチャーハンもあり、近所の人の食堂です。
№300	喫茶 白鳥	町屋	地元の人たちの憩いの店。喫茶というよりレストランのようで夕食の客で賑わってます。
№301	喫茶 ふじ	町屋	入口近くのテーブルには多くの花が活けられ、珈琲は酸味のない好きな味でした。
№302	はまゆう	町屋	線路沿いの、地元の祭りと共にある店で、祭りの雰囲気がいつも店内に漂ってます。
№303	みどり園	町屋	こざっぱりとした店内では、入口のガラスの鳥と花のステンドグラスが目をひきます。
№304	ルナ	町屋	緑色のソファ、カラフルな造花。カウンター近くのジュークボックスもお洒落です。
№305	こころ	本郷	東大生の「第二の教室」だったその昔、２階席からの銀杏並木はほんと圧倒的でした。

№306	ボンナ	本郷	→ P86掲載
№307	万定フルーツパーラー	本郷	→ P27掲載
№308	麦	本郷	赤いビロードの椅子、壁に並ぶ作曲家の肖像画。いつも静かにクラシックが流れます。
№309	リオ	本郷	ステンドグラスに惹かれて扉を開けると、そこには上品なマダムの笑顔がありました。
№310	ルオー	本郷	珈琲よりカレーで有名なのがここ。椅子に彫られた珈琲カップの模様がキュートです。
№311	あずさ	根津	さりげなくある喫茶店。サイフォンで淹れる珈琲は丁寧な味がして、珈琲好き向けです。
№312	カフェ ド シャンテ	根津	店はすっきりしてるけど、大きなかわいいぬいぐるみが常連として腰を据えています。
№313	喫茶 パレット	根津	素敵な模様の赤い椅子が並ぶこの店の名物メニューは、「カレーナポリタン」です。
№314	ペル	湯島	入口近くはサンルームのような気持ち良さ。クッションがかわいい不思議な雰囲気の店。
№315	GRACE	岩本町	いつもちょうどいい音量でクラシックが流れます。赤いビロードの椅子も本格的。
№316	喫茶 アーモンド	岩本町	水槽の隣に座ると、30センチ以上ある魚。ゆらゆら泳ぐ姿を眺めての珈琲は格別です。
№317	トータス	岩本町	大きなテレビや牛の置物。まるで誰かの家のリビングのような雰囲気の喫茶店です。
№318	ペルル	岩本町	閉店の知らせを聞き、マスターを囲む会をしました。店は夕暮れ色の素敵な空間でした。
№319	アカシヤ	秋葉原	→ P42掲載
№320	えびはら	秋葉原	夏に訪れても、店内はなぜかひんやりとしている気がしました。秋葉原のオアシス。
№321	カフェ カプチーノ	秋葉原	固焼きプリンは懐かしい味。生クリームとカラフルなチョコレイトトッピングも素敵。
№322	珈琲 庵	秋葉原	大正ロマンな書体の店名がお洒落。誰もいない時、マスターはいつも読書してます。
№323	珈琲 パープル	秋葉原	トースト(サラダ・スープ付き)とアイスティー。白いトレイで出てきて美味でした。
№324	古炉奈(ころな)	秋葉原	カウンターの向こうには、珈琲専門店らしく、柄の違うカップがずらりと並んでます。
№325	サガン	秋葉原	ウインナー珈琲を頼むと、生クリームが美しいマーブル模様になったのを覚えてます。
№326	タニマ	秋葉原	照明は、キラキラと光る貝殻製。店にいるだけでなぜかピクニック気分になる店です。
№327	フレンド	秋葉原	店内は、ちょうどいい感じに薄暗く、照明の形もレトロでかわいい。珈琲も美味です。
№328	cafe BIOT	神田	前を通ると、いつも珈琲を焙煎するいい香り。こだわりのシフォンケーキも美味です。
№329	LOFT	神田	フルーツケーキの素晴らしい店。しっとりして木の実やフルーツが盛りだくさんです。
№330	PAL HOUSE	神田	それほど広くはないけれど、大きな鏡で、向こうにも世界があるような気になります。
№331	Tampopo	神田	夜は居酒屋、昼はれっきとした喫茶店。背もたれの低い椅子がかわいらしい店です。
№332	エース	神田	→ P27掲載
№333	カスタム	神田	→ P75掲載
№334	神田珈琲園	神田	神田駅界隈で少しお酒を飲んだ夜に訪れました。高架下で、24時まで営業は助かります。
№335	喫茶 てまり	神田	ベロアのソファにシャンデリア。カウンターの背の高い椅子も、全て調和してます。
№336	喫茶 フレンド	神田	使い込まれた緑色のソファ、まぶしいほどの赤い照明。「自由席」という表示も素敵。
№337	喫茶 リンダ	神田	頭上に連なるランプ、窓際から細い路地を見渡せる空間がとても素敵な喫茶店でした。
№338	珈琲 ブラジル館	神田	看板はクラシックだけど、店の中はこざっぱりとしていて、テーブルや椅子も清潔。
№339	純喫茶 キムラ	神田	山の道しるべのように、外の階段から入口までに、店名を示す看板がたくさん。
№340	ジョナ	神田	座ると錯覚します。実は、入口、カウンター、壁、通路が少しずつまあるいのです。
№341	ピープル	神田	窓際にあるカップルの猫の置物が出迎えてくれる店。昼はサラリーマンで賑わいます。
№342	ふくのや	神田	食堂を思わせるシンプルな店。アイスコーヒーのグラスがぽってりとかわいい。
№343	万惣フルーツパーラー	神田	名物のホットケーキはしっとりして美味しかった。たくさんの人が笑顔になりました。
№344	ゆうかり	神田	紫色の看板、なぜか階段に置かれた緑色の電話が気になります。夜はパブとして営業。
№345	ラモンド	神田	店内は茶褐色の「喫茶色」で、レジカウンターは緑色の灯り。バランスが絶妙です。

№346	AIKO	淡路町	「窓からの冬の空気がいい」「公衆電話が置いてある机が素敵」という印象のお店です。
№347	近江屋洋菓子店	淡路町	大きなガラスのケースには、形も懐かしい小ぶりなケーキが所せましと並んでます。
№348	ショパン	淡路町	→ P34掲載
№349	高山珈琲	淡路町	季節の花が飾られる店のオールドビーンズコーヒーが出色。マスターもダンディです。
№350	びぃんず	小川町	店内に並んだ椅子は籐で編まれた背もたれ。閉店時間が早く、一度しか行ってません。
№351	L	神保町	茶色で統一された店内は正統派の佇まい。灰皿のサイフォンのイラストも素敵でした。
№352	エリカ神保町店	神保町	ハートの形にくり抜かれた椅子が素敵。ガラス窓から射し込む淡い光がなごみます。
№353	エリカ西神田店	神保町	マスターが亡くなり、営業再開の日を待ちわびているファンがたくさんです。
№354	学士会館 喫茶室	神保町	学士会館は、現在は会員以外の人も入ることが出来ます。レトロ感たっぷりの店です。
№355	カフェ デ プリマベーラ	神保町	アンティークな白い扉と洞窟のようなアーチ形の天井。珈琲にはバナナが付いてきます。
№356	神田伯剌西爾(ぶらじる)	神保町	→ P74掲載
№357	喫茶去(きっさこ)	神保町	木の扉を開けると、やわらかいジャズが響きます。珈琲は酸味の強い懐かしい味です。
№358	古瀬戸珈琲店 駿河台下店	神保町	かわいい粘土細工が飾られ、カウンター席では好きなカップを選ぶことも出来ます。
№359	茶房 きゃんどる	神保町	復活した店。当時の椅子と新調した椅子に手彫りの数字の模様があって年月を感じます。
№360	さぼうる	神保町	1階と地下に分かれています。壁の書き込みを見ているだけで人々の呼吸を感じます。
№361	さぼうる2	神保町	さぼうる1にレトロさでは負けるけど、ナポリタンが名物。お腹が空くと思い出します。
№362	トロワバグ	神保町	手作りデザートが美味しいと有名。初代店主のお母様のあとを美しい娘さんが継いで。
№363	白十字	神保町	どこかの洋館のような白い階段を見上げて、奥の席でのんびりするのが、とても好き。
№364	柏水堂	神保町	ケーキは上質な材料で、丁寧でやさしい味がします。プードルケーキが一番人気でした。
№365	黛	神保町	営業は18時までの幻の店。マスターの珈琲は、こだわりのカップで提供してくれます。
№366	ミロンガ ヌォーバ	神保町	珈琲を注文すると、小さな花の描かれたカップで運ばれて来ます。それだけで幸せです。
№367	ラドリオ	神保町	→ P39掲載
№368	ロザリオ	神保町	船を模した青い壁が印象的。ロックバンド「くるり」がイベントをしたことがありました。
№369	DAN	御茶ノ水	地下へ潜る階段は、いつもぐっと来る。神保町で買った本を珈琲と共に楽しみます。
№370	いしい	御茶ノ水	御茶ノ水駅正面のビルで店内はモノトーンで統一。小ぶりなトーストがしっかり味です。
№371	コーヒーパーラー ヒルトップ	御茶ノ水	シャンデリアの下で少し緊張したまま、背筋を伸ばしてお茶をするのがいい感じです。
№372	純喫茶 ミロ	御茶ノ水	一度改装したが、雰囲気はそのままで、純喫茶には珍しく全席禁煙となって復活です。
№373	茶居夢(ちゃいむ)	御茶ノ水	お茶のある夢の時間か、お茶をしながらゆっくり出来る意味か。どちらでも素敵です。
№374	穂高	御茶ノ水	→ P70掲載
№375	喫茶 カリーナ	九段下	乙女が髪に薔薇を差した素敵なマッチ箱を頂きました。「カリーナ」は薔薇の名前。
№376	九段会館 喫茶室	九段下	閉店しましたが、こちらのかわいらしい椅子でケーキを食べる時間が好きでした。
№377	バン	水道橋	黄色い看板にレトロな文字。コーヒーカップも薔薇の模様で、気持ちがなごみます。
№378	喫茶 白ゆり	飯田橋	光る壁にフラミンゴが描かれ、年季の入った赤いベロアの椅子。どれも大好きです。
№379	喫茶 りか	飯田橋	メニューサンプルがいい感じの年季物。使い込まれた飴色のテーブルも歴史を感じます。
№380	プリバ	飯田橋	とても暑い夏の日に飛び込んだ店でした。地元の方たちの憩いの場になっていました。
№381	茶廊 トンボロ	神楽坂	隣のカレー店はマスターの息子さんの店で、互いに注文出来ます。プリンもいい感じ。
№382	フォンテーヌ	神楽坂	赤城神社近くにあり、以前はかわいらしいペガサスの置物が目印だった喫茶店。
№383	フクナガ	四谷	「果物の美味しい店」と聞いてパフェを頂いたのが10年前。今でも素敵な店です。
№384	ロン	四谷	→ P43掲載
№385	琥珀	国会議事堂前	→ P50掲載

№386	しろたえ	赤坂見附	ケーキを「喫茶室で食べたい」と伝えると、半地下の素敵な空間に通してくれました。
№387	コヒア アラビカ	赤坂	2000円の珈琲。「本物を味わわないといけないよ」とマスターの淹れる珈琲は美味です。
№388	ウエスト青山ガーデン	乃木坂	ホットケーキの焼き色がとても綺麗。今まで食べたホットケーキとは違う食感でした。
№389	アマンド	六本木	六本木交差点の「名所」喫茶店。改装されたけど、リングシュークリームは健在です。
№390	カフェ ド 巴里	六本木	遊園地のような店。珈琲一杯で乗れる大人のメリーゴーランドのようなユニークな店。
№391	貴奈	六本木	想像以上に豪華な空間。レジも企業の受付のよう。照明やインテリアも凝ってます。
№392	西班亜（せぴあ）	麻布十番	麻布十番にこんな素敵なお店が。美味しいチーズケーキを食べにまた行かなくては。
№393	サンマリ	大手町	→ P59掲載
№394	ルオー	大手町	看板は、本郷の喫茶「ルオー」と同じ書体。オーナーが知り合いで同じ店名にしたとか。
№395	紅鹿舎	日比谷	ピザトースト発祥の店。「カフェ・タカラヅカ」という飲み物が好きでよく頼んでます。
№396	東京會舘 カフェテラス	日比谷	「マロンシャンテリー」なる美しいケーキが有名な店。白い宝石のようなケーキです。
№397	草枕	内幸町	丁寧に淹れる珈琲が美味。名物のチーズケーキは、まぶされた塩がアクセントです。
№398	ROYAL	有楽町	東京交通会館地下の広い空間。食事も飲み物も手を抜かず、盛り付けも昭和で素敵。
№399	stone	有楽町	→ P87掲載
№400	珈琲 モナリザ	有楽町	映画館近くの３階建て。分煙され、窓から往来の眺めを楽しみながらの珈琲をぜひ。
№401	ティーサロン しろばら	有楽町	店内は綺麗になったけど、シャンデリアやメニューサンプルに歴史が感じられます。
№402	ニューワールドサービス	有楽町	今はなき三信ビルにあった店。ハンバーガーがあったりと、とてもモダンな店でした。
№403	はまの屋	有楽町	一度閉店したが、店に惚れ込んだ次世代オーナーが継承。サンドイッチが美味です。
№404	アロマ 珈琲	八重洲	座りたかった端っこに座る。「ゆで玉子 80YEN」のひよこ形のボードがかわいい店。
№405	イノダコーヒ 東京大丸支店	八重洲	コロンビアのエメラルドとフレンチトーストを注文。甘くて美味しいトーストです。
№406	ウインザー	八重洲	トーストとサラダ、ハムが花びらのように盛り付けられたモーニングが有名です。
№407	三つ扇	八重洲	カップを持つのもためらうほど熱いけれど、少し冷めると「恋のように」素晴らしい味。
№408	カフェ ド ランブル	銀座	テーブルの埋め込みの灰皿が素敵。アイスコーヒー「琥珀の女王」は混ぜずに飲むそう。
№409	カフェー パウリスタ	銀座	「銀座でブラジルコーヒーを飲む」その起源となったのが、パウリスタなのだそうです。
№410	千疋屋 銀座本店	銀座	新鮮な果物が食べたくなったらここ。パイナップル入りスパゲッティはクセになります。
№411	千疋屋 銀座本店 地下１階	銀座	いつもは果物を頼むのですが、この日はスパゲッティ。果物に負けない美味しさです。
№412	トリコロール本店	銀座	エクレアが有名で、重厚な回転ドアも素敵な喫茶店。落ち着いてゆっくり過ごせます。
№413	どんパ	銀座	水出しコーヒーとニッキコーヒーが看板メニュー。コースター目当ての人も来店。
№414	ミヤザワ	銀座	名物は魚のフライサンド。湯気まで美味しいそのフライは注文もひっきりなしです。
№415	喫茶 YOU	東銀座	歌舞伎座近くのとろとろオムライスが美味しい店。移転してもレトロな空気は健在です。
№416	樹の花	東銀座	ジョン・レノン夫妻が座った窓際席が有名。シナモントーストがとっても美味でした。
№417	グローリー	東銀座	琥珀色の店内が落ち着きます。レモンスカッシュはさわやかでモーニングは種類が豊富。
№418	珈琲 蕃銀座店	東銀座	珈琲・紅茶の専門店だけにメニューも多く、珈琲に書かれている説明も面白い店です。
№419	サンドイッチ アメリカン	東銀座	食べきれない半斤サンドイッチ。スープやサラダも大盛り。味はとても美味しいです。
№420	ぱじりこ	東銀座	→ P87掲載
№421	ミモザ	東銀座	創業 50年以上のお店。ゲーム台テーブルが現役で、ママと娘さんが迎えてくれます。
№422	ＢＯＸオーツカビル店	新橋	日々の疲れを癒すサラリーマンの食欲に応えるべく、とても分厚いトーストに驚きます。
№423	アーニー	新橋	席の間に仕切りがあるので周りを気にしないで過ごせます。窓からの陽射しも快適です。
№424	カフェ ド カナール	新橋	メニューサンプル、砂糖入れのトレイの花模様、飴色の椅子、どれも洒落ています。
№425	喫茶 いまあさ	新橋	明るくて、暖かい雰囲気。電車のホームのような椅子に青い座布団がクセになります。

№426	喫茶室 ポワ	新橋	応接室のようなテーブルと椅子。照明がちょうど良く、リラックス出来る店です。
№427	喫茶 ジャパン	新橋	赤いベロアのソファ、白い背もたれの椅子、明るめの照明、カフェのような佇まいです。
№428	珈琲 フジ	新橋	店名のとおり、壁一面に大きく引き伸ばされた富士山の写真が飾られています。
№429	サンマルコ	新橋	ニュー新橋ビルは純喫茶の宝庫。コーヒーフロートが大きく、インパクトのある店です。
№430	純喫茶 花	新橋	チーズトーストに添えられた手ふきの薔薇のイラストが、かわいくてとても素敵です。
№431	パーラーキムラヤ	新橋	赤白ストライプ柄の椅子、つぼみのようなシルエットの照明。妙に落ち着く店。
№432	バイオレット	新橋	赤いシュガーポットに見惚れていると、サービスのお煎餅と珈琲が運ばれてきました。
№433	カフェ ド ルノン	虎ノ門	想像してたより大きな店内には、赤と茶の使い込まれた椅子。贅沢な空間の店でした。
№434	ヘッケルン	虎ノ門	→ P82掲載
№435	ホテルオークラ オーキッドルーム	虎ノ門	フレンチトーストがお薦め。建築の素晴らしさを味わいながら、幸せなおやつ時間。
№436	横濱屋	神谷町	東京タワー近くの落ち着いた店。高倉健さんもこちらのブレンドを愛していました。
№437	珈琲 大使館	大門	店内はいたってシンプルで、清潔な店。店員の男性が非常に愛想がいいのが印象的です。
№438	モト	大門	骨董美術館のような店内はマスターのコレクション。窓枠のコーヒーガールも忘れずに。
№439	ボンソアール	田町	モスグリーンの革張りの椅子で、ひと休み。外には東京タワー。幸せな寄り道です。
№440	ルフラン	小石川	壁のほうを見ると、時々金魚の絵と目が合います。ゴム製のメニューもユニーク。
№441	貴苑(きえん)	白山	とてもユニークな店。隣は墓地で視界が遮られないので、月がとても綺麗に見られます。
№442	喫茶 TANTAN	白山	白山駅に向かう途中、外階段の素敵な喫茶店に出会いました。ランチは賑わってます。
№443	ケニヤン	白山	珈琲もピザトーストも美味しく、器は美しく、古いながらも整然とした素敵な店です。
№444	珈琲 サム	白山	静かな店の白いレースのカーテン越しの陽射しはやわらかく、とても落ち着きます。
№445	珈琲専門店 ペガサス	白山	椅子がベロアの灰色で、とても好みの店。コーヒーカップも綺麗な薔薇の模様でした。
№446	喫茶 ジロー	千石	壁のひし形の模様やレジカウンターの花のマークなど、その色合いにぐっときます。
№447	フェニックス	千石	食事メニューの豊富な店。名物のバジリコスパゲッティはシソがきいてて美味でした。
№448	扉	茗荷谷	老舗蕎麦屋さんのような、和風の佇まいの端正な入口が印象的な喫茶店でした。
№449	樹林	赤羽	大切にされている店内は古いながらも清潔感でいっぱいです。ピザがお薦めです。
№450	純喫茶 デア	赤羽	「ずいぶん前にここへ来たことがある」そう確信したのは、珈琲と煙草の香りから。
№451	Swing	十条	中世の城の雰囲気。飴色の家具、えんじ色のビロードの椅子、琥珀色の灯りが綺麗。
№452	梅の木	十条	かわいい珈琲豆の看板が印象的。入口のランプに灯る光も、いい雰囲気を作ってます。
№453	珈琲 仔馬	十条	こぢんまりとしてるけれど、ママのやさしい雰囲気のおかげで初めてでもくつろげます。
№454	珈琲 画伯	東十条	大きな水出しコーヒー器、落ち着く温かい灯り、まるで絵画のように美しい店です。
№455	みかさ	東十条	地元の人で賑わう店。カウンターでおじさまに携帯ケースをもらった思い出があります。
№456	赤坂	鶯谷	自家製タマゴサンドは、バターがきいて濃いめの味付け、ちょうどいい感じでした。
№457	カフェ ド 花家(はなや)	鶯谷	間仕切りの手摺り、椅子の背もたれに純喫茶の香り。窓越しの景色を見ながら珈琲をぜひ。
№458	喫茶 コーラル	鶯谷	丸いランプがベージュ色の椅子を照らす。外をぼんやり眺めながら過ごしたい店です。
№459	珈琲専門店 ライフ	鶯谷	喫茶店は「昼の顔」、夜はスナック。マダム選曲の素晴らしい昭和歌謡が流れています。
№460	珈琲の店 デン	鶯谷	プリンが有名。固めでしっかりと卵の味がするプリンは、モカソフトとよく合います。
№461	トロント	鶯谷	レストランのようだけど、喫茶色の灯り、窓際のカーテンは、私の中では純喫茶です。
№462	花の音	鶯谷	1967年から営業しているのに綺麗でお洒落な外観。中は3つの空間に仕切られてました。
№463	喫茶 エリカ	日暮里	日暮里駅から少し歩いた所、プロ野球選手の森本 稀哲(ひちょり)さんの実家。
№464	軽食喫茶 あづま家	日暮里	チョコレート色の椅子と花の形のランプが特徴。一見の客にもやさしい甘味処です。
№465	珈琲 乱歩°	日暮里	江戸川乱歩の作品『D坂の殺人事件』の舞台となった地域にあり、看板猫もいました。

№466	さくらんぼ	日暮里	少し褪せた紫色のソファが、とても気持ちのいい店でした。もちろん珈琲も素敵です。
№467	デュエット	日暮里	笑顔で迎えてくれるママ。天井は鮮やかな赤、奥にはミラーボールと豪華な空間です。
№468	花家	日暮里	たまには、甘味処でところてんでも。クリーム色の椅子が並ぶモダンな店内です。
№469	ルノアール 日暮里谷中店	日暮里	奥の窓際から見える小さな中庭のような空間で、ここを気に入ってしまいました。
№470	喫茶室 岬	西日暮里	「喫茶室」という文字が妙に嬉しいお店。少し薄暗い中での灯りの白さも、なごみます。
№471	ヒロ	西日暮里	食事メニューが豊富で、洋食屋という感じです。蔦の絡まる外観もこれまた素敵です。
№472	喫茶 梨香	東日暮里	喫茶店というより、スナックのイメージだけど、そんなところが好きだったりします。
№473	アルプス洋菓子店 喫茶室	駒込	ここへ来たかったのは、白鳥の形の「スワン」というシュークリームに恋をしたから。
№474	カフェ ド セシル66	駒込	綺麗な淡い緑色の灯りがあるだけで、その下で珈琲を飲めば、心は落ち着いてきます。
№475	喫茶 こもれび	駒込	穏やかな笑顔で運ばれてきた珈琲のミルクとシロップは、かわいい木のトレイの上です。
№476	純喫茶 ナイル	駒込	ミートソーススパゲッティが懐かしい味。革張りの椅子や窓下の看板も昭和で好みです。
№477	純喫茶 リオ	駒込	商店街の一角にある古風なこぢんまりした店。テーブルも椅子も使い込まれてました。
№478	瀬呂里	駒込	壁のメニューに珈琲の説明。「強烈な味」「燃えるコーヒー」と想像をかきたてられます。
№479	ポニー	駒込	サンプルケースには、フォークが宙に浮かんだナポリタン。壁は鏡張りです。
№480	ボンガトウ	駒込	かわいい雰囲気ですが、常連さんが我が家のように談笑する、とてもフレンドリーな店。
№481	山	駒込	アイスコーヒーは飴色の銅のカップで出てくる。ケーキは近くの「アルプス洋菓子」製。
№482	スカイ	巣鴨	蝶と四つ葉の看板が素敵。赤いベロアの椅子は座り心地がすごくいい感じでした。
№483	伯爵 巣鴨店	巣鴨	メニューには見たことのない一押しの「カステラセット」。食べてみたら、納得でした。
№484	ポピー	巣鴨	春を待つ色とりどりの花のように、様々なお客さんで咲き乱れる憩いの場でした。
№485	珈琲 ささい	池袋	外観はレンガ色。中は綺麗でさっぱり。銅色のシュガーポットが、なぜか心にしみます。
№486	耕路(こうろ)	池袋	最初で最後の訪問となったけれど、コースターやマッチ箱が素敵な記念になりました。
№487	タカセ洋菓子 池袋本店	池袋	マッチ箱には東郷青児の描く女性の姿。喫茶室とコーヒーラウンジ、どちらも素敵です。
№488	戸論戸(とろんと)	池袋	カウンターにずらりと並ぶ群青色の椅子がお気に入り。塗り直しては使ってるそうです。
№489	伯爵 北口店	池袋	入口からきらびやか。無駄に思えるほど過剰な装飾が、実は今一番新しい。
№490	いっぷく亭	庚申塚	都電荒川線のホームにある和風喫茶店。のんびり走る電車を眺めながら焼きそばをぜひ。
№491	自由学園 明日館	目白	フランク・ロイド・ライトによる重要文化財の中の喫茶室。桜の季節、美しい光景が。
№492	純喫茶 エデン	新大塚	ふわふわのフレンチトーストがとても美味しそう。桃色の公衆電話がいまだ健在です。
№493	エスペラント	高田馬場	マダムお手製のチーズケーキが美味しいと評判。背もたれが反る椅子も楽しい店です。
№494	甘味喫茶 高野家	高田馬場	ケースには全メニューが収まるほどのサンプル。クリーム白玉ぜんざいがお薦め。
№495	ロマン	高田馬場	階段を上がる、看板に胸が高鳴る。サンプルのショーケースの年季がいい感じの店です。
№496	ツネ	大久保	飴色の柱時計、珈琲豆のテーブルのクラシックな店。苦くて酸味の少ない珈琲がお薦め。
№497	KOOL	新宿	歌舞伎町で元日の夜も営業していました。2階の窓から、眠らない街を眺めます。
№498	TEAROOM パーシモン	新宿	閉店直前が最初で最後の訪問に。家庭的な接客が人気の店がなくなる寂しさがあります。
№499	カフェ アリヤ	新宿	ほとんどの人が注文するフレンチトースト。ふんわり香るバターがおなかを鳴らします。
№500	カフェ アルル	新宿	→ P58掲載
№501	珈琲貴族 エジンバラ	新宿	歌舞伎町の24時間営業の店。高い位置から淹れてくれるカフェオレが印象的でした。
№502	珈琲貴族 エジンバラ[移転後]	新宿	悲しみの閉店から約1年。新しい場所でも24時間営業で新宿の夜更かしの強い味方です。
№503	珈琲 西武	新宿	薄緑色の四角いソファが快適。天井にステンドグラス。店員は昔ながらのメイド服。
№504	珈琲専門店 らんぶ	新宿	大きなカウンターに焼酎の瓶が並んでいたりしますが、もちろん珈琲も飲めます。
№505	珈琲 タイムス	新宿	場所柄、入口近くに様々な種類の新聞が入った棚。知らない新聞と珈琲をぜひ。

№506	珈琲店 トップ	新宿	渋谷にもある系列店ですが、自家焙煎の珈琲や蒸しタラコのトーストがとても人気です。
№507	珈琲の店 ピース	新宿	くすんだ緑色の椅子、壁の「アイス珈琲」のプレート、伝票の文字までがレトロです。
№508	沙婆裸(さはら)	新宿	花園神社近くの、椅子の素敵な店。妖艶な空気は新宿の喧騒とは別世界です。
№509	新宿スカラ座	新宿	十数年前に歌舞伎町で幕を閉じましたが、小田急エース内にて再び息を吹き返しました。
№510	タカノフルーツパーラー	新宿	季節の果物が食べたくなったならこちらへ。盛り付けも美しく、食べる前にうっとり。
№511	ティールーム バルコニー	新宿	1人のお客さんが多く、勉強したり読書したり。流れる古い音楽も心地良い店でした。
№512	ネギシ	新宿	何気なく注文したアイスコーヒーの下に敷かれたコースターのデザインに思わず笑顔。
№513	マルス	新宿	「天然果汁ヲ作ル店」店内は、想像以上に、古き良きパーラーのような佇まいです。
№514	らんぶる	新宿	→ P26掲載
№515	ローレル	新宿	地下1階、地上2階とゆったりしていて、2階席は全席禁煙というのが嬉しいです。
№516	喫茶 ダンボ	初台	赤いひさしが目印の店。壁のメニューも手書きの赤色、アイスカフェオレが美味でした。
№517	車	初台	→ P86掲載
№518	栞	幡ヶ谷	初めて入ったビルの中で見つけた喫茶店。常連客がひっきりなしに訪れていました。
№519	珈琲 こふぃあ	笹塚	少し落ち込んでる時、ここで珈琲を頂くと、いつもよりやさしい味に感じます。
№520	南蛮茶館	笹塚	珈琲専門店なのに、ナポリタンもサンドイッチもとても美味しい。グルメな店です。
№521	泥人形	千駄ヶ谷	総武線沿いにあり、入口扉へ向かう地下への階段は緑に包まれていて隠れ家のよう。
№522	TOM	代々木	レトロな佇まいが街になじんで、その雰囲気が落ち着くので、何度か訪れています。
№523	レピドール	原宿	階段を上がり、中をのぞくとそこは琥珀色の空間。カマンベールトーストが絶品でした。
№524	茶望留(さぼうる)	代々木上原	お洒落な店が並ぶ駅前にほっと出来る店。街の移り変わりを見てきたテラスでひと休み。
№525	珈琲専門店 香咲(かさ)	外苑前	ホットケーキもバナナタルトも美味しすぎて、感動の言葉しか出ませんでした。
№526	大坊珈琲店	表参道	お湯100ccに豆25gのブレンドを注文。好きな味をお客が選べるところが素敵でした。
№527	Paris	渋谷	桃色のひさしに薔薇の花。こぢんまりとして居心地良く白と黒の正装の店員も素敵です。
№528	珈琲専門店 論	渋谷	大皿に載せられた6切れのタマゴサンドとポテトチップス。すごいボリュームでした。
№529	珈琲店 トップ 渋谷道玄坂店	渋谷	店の人の感じが良くて、燻製の牡蠣とマヨネーズの牡蠣トーストも忘れられない味です。
№530	シャルマン 道玄坂店	渋谷	壁には珈琲豆の生産地が書かれた大きな地図。入口近くには珈琲用機械が並びます。
№531	純喫茶 アンカレッジ	渋谷	注文する時にはテーブルの電話で店員さんに伝える。珈琲は美味しいです。
№532	スカーレット	渋谷	赤いベロアのソファと大きな窓が気になっていました。お気に入りはアイスコーヒー。
№533	西村フルーツパーラー	渋谷	「花束パフェ」という母の日までの限定メニューが美しく、季節限定メニューは必見です。
№534	羽當	渋谷	話題のブルーボトルコーヒーの創業者が憧れた店。じっくりと珈琲なら、夜がお薦め。
№535	ライオン	渋谷	→ P23掲載
№536	ピノキオ	大山	型を使わず作る分厚くて綺麗なホットケーキは、マスターの熟練の技によるものです。
№537	TOM	東武練馬	正統派の内装ですが、食事メニューが人気。夏には冷やし中華も注文出来るそうです。
№538	ボタン	東武練馬	創業50年以上の歴史を感じるステンドグラス。プリンの盛り付けも昭和のままです。
№539	アンデス	練馬	→ P90掲載
№540	カフェ ド フロール	練馬	デザートは美しく、珈琲も丁寧に淹れてくれる店。木の家具が温かい空間です。
№541	サンボ	石神井公園	2階から石神井公園の商店街を眺められる喫茶店。いろんな人が行き交う情景が素敵。
№542	リリー	石神井公園	→ P83掲載
№543	異邦人	武蔵関	注文したタマゴトーストは思いがけず豪華で、クリームソーダは青色という喜び。
№544	珈琲 林檎	江古田	丸いメニューのかわいい店。珈琲は香り良く、チーズケーキは濃厚でどちらも好みです。
№545	砂時計	江古田	学生の食生活を支える台所。お願いすると、マスターご夫妻の生演奏も聞けます。

№546	ドリーム	江古田	セルフサービスなのに、純喫茶然とした佇まい。心地良いクラシックが流れます。
№547	トレボン	江古田	上品な装飾にダンディなマスター。そんな雰囲気で頂く絶品のシュガートースト。
№548	プアハウス	江古田	喫茶店だけど、カレーで有名。じわじわときいてくる辛さがとても美味しいお店です。
№549	ぶな	江古田	テーブルにしようか、美しいカップの並ぶカウンターにしようかと、いつも悩む店です。
№550	歩歩(ぶぶ)	江古田	琥珀色の空間で頂く名物の珈琲ゼリー。やさしいママに、ごちそうさまでした。
№551	モカ	江古田	→P55掲載
№552	無垢	野方	アイスコーヒーは「石釜珈琲」。苦いのに甘みを感じる、不思議な味の珈琲でした。
№553	A-ライセンス	中野	改装前にはサーキット模型が。マスターもライセンス所有者で、F1好きにはたまらない店。
№554	maro	中野	ささやかなことですがアイスコーヒーの木のトレイが嬉しい。シロップは黒蜜でした。
№555	NOBEL	中野	入口前のメニューサンプルがレトロ。丸みのある椅子もいい感じの、正統な喫茶店です。
№556	アザミ	中野	盛り付けが素敵。ロールキャベツの上にはちょこんと季節の花。すみれ色の花でした。
№557	エガオ	中野	店内の全てが、昔ながらの正統派。壁一面のステンドグラスの百合も輝いてます。
№558	クラシック	中野	今はなき伝説の純喫茶。ミルク入れがマヨネーズの蓋だったり、語り尽くせない店。
№559	珈琲館	中野	座り心地の良いスツール、飴色のテーブル。マスターは丁寧に珈琲を淹れてくれます。
№560	珈琲 筑紫屋(つくしや)	中野	2階建てだと思っていた店は、3階建てでした。食事は「全て手作り」だそうです。
№561	珈琲の店 フェニックス	中野	石造りの外観が印象的。飴色の椅子とテーブルがずらりと並ぶ店内は壮観です。
№562	じゅんじゅん	中野	中野ブロードウェイのすぐ近くにある喫茶店。飲み物がたっぷりで喉が渇いた時にぜひ。
№563	ティールーム アモン	中野	中野の賑やかな街から店に入ると、鮮やかな緑色の椅子。純喫茶には珍しい色です。
№564	パルム	中野	「素敵な喫茶店ですね」とマダムに伝えると顔がほころび、それだけで店が華やかに。
№565	六曜舎	中野	店内にはいくつかの人物画などが飾られていて、ひとりでいても飽きない空間です。
№566	カフェ ド アラビカ	新中野	美しい盛り付けのオープンサンドイッチが美味。マスターの穏やかな雰囲気も素敵です。
№567	ジャックと豆の木	東中野	線路沿いのカウンターから中央線が見える。山賊サンド、海賊サンドが気になります。
№568	純喫茶 エイト	新中野	クリームソーダを頼んだらママが有名なマッチ箱を。デザインは、あの小池一夫さん。
№569	ミロン	新中野	掲載許可を頂いてましたが、ママさんの訃報に驚きました。ご冥福をお祈り申し上げます。
№570	ルーブル	東中野	→P75掲載
№571	BONY	高円寺	机は珈琲豆が敷き詰められたもの。メニューには豆の説明もあって、面白い店でした。
№572	POEM	高円寺	赤と茶の家具で統一された空間。テーブルには一輪の花と珈琲豆。王道の純喫茶です。
№573	ウイン	高円寺	バスに乗ってて見つけた店。桜が綺麗な善福寺川近くなので、春に行きたい店です。
№574	カフェテラス ごん	高円寺	学生街の店のようなボリューム定食とオムライスが有名。漫画もたくさんあります。
№575	甘味処 あづま	高円寺	ラムネ色のガラスの壁と橙色の灯りが綺麗。夏には「氷」の暖簾がふわっと揺れます。
№576	喫茶 セーヌ	高円寺	店内はたくさんの花。懐かしいゲーム台もいくつか。椅子やソファは緑色の革製です。
№577	珈琲 琥珀	高円寺	ハンガーが象、花瓶がらくだ、かるがものモチーフがあったり。とても面白い店です。
№578	コーラル	高円寺	やさしいママがいて落ち着くお店。ホットケーキにサンドイッチ、食事が豊富です。
№579	木もれび	高円寺	民家の庭を通って入口へ。こけしの並ぶ店内で、淹れたての珈琲と自家製クッキーを。
№580	茶房 高円寺	高円寺	いつもお客で賑わっている純喫茶。やさしいマスターと割烹着のママがお出迎えです。
№581	なかむら珈琲店	高円寺	お値段ひかえめな珈琲を頂きながら、居心地の良い琥珀色の空間で本を読みました。
№582	ネルケン	高円寺	→P42掲載
№583	ブーケ	高円寺	新高円寺駅からすぐ近くの店。紫色の照明がとても美しく、夜の利用がお薦めです。
№584	ペペルモコ	高円寺	ずっと気になっていたカウンターだけの喫茶店。ケーキにトースト、珈琲も豊富です。
№585	ポピンズ	高円寺	トーストを注文すると、野菜ジュースとポテトサラダとゆで卵がサービスの素敵な店。

№586	ルネッサンス	高円寺	中野の名曲喫茶「クラシック」の備品を受け継いだ店だそう。時間の重みを感じます。
№587	COBU喫茶室	阿佐ヶ谷	「スミレ」というかわいらしい洋品店の奥にあり、それだけで気になる喫茶店でした。
№588	gion	阿佐ヶ谷	→ P39掲載
№589	KEGON	阿佐ヶ谷	喫煙席と禁煙席に分かれています。メニューも豊富で、季節の花がいつも飾られてます。
№590	アコヒーダー	阿佐ヶ谷	思いのほか本格的だったビーフシチューを思い出すけど、駅前再開発で閉店しました。
№591	ヴィオロン	阿佐ヶ谷	→ P26掲載
№592	可否茶館	阿佐ヶ谷	喫茶店発祥の地、上野の「可否茶館」の創業者の親族が共同経営者だった店だそうです。
№593	珈司	阿佐ヶ谷	大きな窓にはレースのカーテン、室内のひんやりした感じを演出する仕掛けです。
№594	珈琲の店 プチ	阿佐ヶ谷	店内に木枠の鏡、柱時計。珈琲を注文すると、小さなお煎餅が付くのも嬉しいサービス。
№595	琥珀茶房	阿佐ヶ谷	赤い薔薇がバランス良く並ぶ。カップは「ロイヤル アルバート」製。こだわりの店です。
№596	対山館	阿佐ヶ谷	→ P74掲載
№597	パーラー エル	阿佐ヶ谷	とにかくマダムが元気で明るくて、とても感じのいい店。笑顔を見たくて通ってます。
№598	珈琲 ポトロ	南阿佐ヶ谷	暑いからと冷たい珈琲を注文したら、マスターが気を遣って冷房を入れてくれました。
№599	珈林	浜田山	ベロアのソファに深く沈んで、ゆったりした午後を。自家製かぼちゃプリンが絶品です。
№600	レモンの木	浜田山	美味しそうなカレーの匂いが漂う店。次は、真ん中の大きなテーブルに座りたいです。
№601	カフェ デ マエストロ	久我山	自家製シフォンケーキが名物。3種類日替わりで、この日はチョコレートシフォン。
№602	我蘭堂	三軒茶屋	うっかり通り過ぎてしまいそうな住宅街に、蔦の絡まる外観。窓からの緑が綺麗です。
№603	喫茶 セブン	三軒茶屋	座席が小さな個室のように配され、ゆっくり過ごすには申し分のない素敵な店でした。
№604	氷工房 石ばし	三軒茶屋	フロアに堂々と置かれたかき氷器は、道具好き垂涎ものの、「初雪」「白鶴」などです。
№605	世田谷邪宗門	三軒茶屋	→ P54掲載
№606	カフェ ド ラ メール	野沢	壁には有名人のサインがたくさん。かつての賑わいを感じさせるクラシックな店です。
№607	あるる館	下北沢	工房が経営にあり、珈琲とケーキを楽しめます。ピエロが飾られている不思議な店です。
№608	いーはとーぼ	下北沢	深夜まで営業しているので、ふらりと珈琲を飲みに行けます。音楽もいい感じです。
№609	カフェ トロワシャンブル	下北沢	珈琲は苦めで好み。チーズケーキも美味しい。特等席は、奥の個室的な空間です。
№610	カフェ マルディグラ	下北沢	誰かの部屋に呼ばれてお茶を頂いているような、落ち着いた大人の喫茶店。
№611	ジャズ喫茶 マサコ	下北沢	大音量のジャズ、漫画を読みふけったり、ひそひそ話すのにうってつけの店です。
№612	花泥棒	下北沢	静かに過ごしたい人のための大人の店。珈琲も紅茶も丁寧に淹れられています。
№613	琥珀	東松原	ママから「喫茶店は楽しいから、あなたもやればいいのに」と言葉をもらった店です。
№614	チェリー	新代田	新代田のライブハウスに行く前に立ち寄っていた店。レトロな感じがいつも素敵です。
№615	スプーンハウス	明大前	分厚いのに、しっとりの名物ホットケーキ。学生の懐にも、やさしい値段設定です。
№616	ハミングバード	明大前	線路沿いなので電車のガタゴトという心地良い音が。ソーダ水は絶妙な緑色です。
№617	coffee 車	梅ヶ丘	初台にある名店「純喫茶　車」のマスターの弟さんが営む店。丁寧な珈琲の店です。
№618	世田谷珈琲 游	梅ヶ丘	ハート形のホットケーキが美しい。運ばれてきた時、声をあげてしまうほどでした。
№619	ブレンド	千歳船橋	茶色の家具で統一された店内。現在もあるかは不明ですが、マッチ箱のデザインが秀逸。
№620	珈琲 沙羅	成城学園前	「自家製プリン」がお薦め。程よく固く、卵の味がしっかり。珈琲にとても合います。
№621	シュベール成城店	成城学園前	珈琲のコースターの絵柄が看板と同じで、帽子姿の女性の横顔は色合いが綺麗でした。
№622	ルポーゼ すぎ	八幡山	ここのホットケーキは、分厚いですが、中はしっとり、バターだけでも十分美味です。
№623	南蛮茶館	千歳烏山	笹塚に同名の店があるけれど、マスターに聞くと「関係なし」。珈琲はとても美味。
№624	カフェ アンバール	上野毛	珈琲のいい香りが漂う店。琥珀色で統一され、アイスコーヒーは銅製の器で出てきます。
№625	サパールーム ドリアン	上野毛	ステンドグラスがとても素敵な店。トマトのスパゲッティの程よい酸味が好きです。

№626	猿楽珈琲	代官山	マスターのこだわりのおかげか、店内はいつも静かで、珈琲豆の香りものびやかです。
№627	チュチュ	祐天寺	赤い看板の目立つ店に入った瞬間、時空がぐにゃりとなる感覚の面白い店でした。
№628	すぎの木	都立大学	余計なものがなく、珈琲を飲む時間を愉しむための空間。雑誌や新聞は店の片隅です。
№629	あんぐいゆ	学芸大学	正月三が日も営業している店。コクテイル堂の豆を使った「櫟ブレンド」が絶品です。
№630	珈琲 美学	学芸大学	アイスクリームフロートが素敵。キャッチフレーズは「生きているコーヒー＆ワイン」。
№631	平均律	学芸大学	→ P75掲載
№632	マッターホーン	学芸大学	丁寧に包装された焼菓子のかわいい女性のイラストは、画家の鈴木信太郎氏の作品。
№633	C.C.MAX.	自由が丘	気になってたパイ専門店は上品な喫茶店でした。パイは美しく、サクサクと美味。
№634	喫茶 PICO	自由が丘	自由が丘を歩くとつい目指すのはここ。名物は真っ赤なナポリタン。マッチ箱が素敵。
№635	珈琲家族自由が丘店	自由が丘	「サイフォンで丁寧に淹れております」とあるように、豆の容器が整然と並んでます。
№636	珈琲 六文銭	自由が丘	壁には、様々な顔をしたお面がずらりと並びます。そんな中での珈琲は格別でした。
№637	ボンゴ	九品仏	大井町線を下車してのんびりした商店街でみつけた店。スパゲッティが美味しい店です。
№638	FRONTIER	尾山台	「ハッピーロード尾山台」という商店街にあり、店内には暖炉も。ナポリタンが美味。
№639	ポピー	等々力	電車から見るたびに気になっていた店。たまに、ひだまりの２階席でうとうとします。
№640	スカイ	田園調布	「喫茶ロック」という素晴らしいＣＤのジャケットになっていた美しい純喫茶でした。
№641	TOSHI	恵比寿	マダムは「古いだけです」と謙遜するけど、雰囲気の素晴らしい店。笑顔も素敵でした。
№642	ヴェルデ	恵比寿	自家焙煎は濃厚で苦い。珈琲を好きになったきっかけは、ちょうどこんな味でした。
№643	喫茶 銀座	恵比寿	→ P55掲載
№644	珈琲 家族	恵比寿	煙草の吸える店。飲み物を注文するとハッピーターンとミルキーが付いてきます。
№645	ストック	恵比寿	ドライカレーのようなカレーは、あまりにも味わい深く、好みだったので驚きました。
№646	果実園リーベル	目黒	「洋菓子舗ウエスト目黒店」があった場所。美味しい果物のケーキやパフェが人気です。
№647	カフェ アイン	目黒	現在は店名が変わったけれど、こだわりの珈琲に、落ち着いた店内が好きでした。
№648	珈琲舎 バン 目黒店	目黒	２階席から目黒駅を見下ろしつつ珈琲を飲むのが好きでした。閉店を知り残念です。
№649	ドゥー	目黒	看板がないとわかりにくい小路にある隠れ家的な店。名物はクロックムッシュです。
№650	洋菓子舗ウエスト 目黒店	目黒	いわずと知れた老舗洋菓子店は自宅が近いので通ったけど、数年前に閉店しました。
№651	COFFEE ノア	五反田	純喫茶の少ない五反田で貴重な店だったけど閉店に。並んだ珈琲器具が圧巻でした。
№652	LIPTON	五反田	入口は小さいけれど店内は広く、段差で区切られた席は、全部種類が違う椅子です。
№653	喫茶 マーブル	五反田	看板の文字が昭和の趣で、メニューサンプルも健在。飴色のソファも良い座り心地です。
№654	コーヒーサロン サトヤ	五反田	老夫婦二人の静かな店。カウンターの白いポットや、山の写真に、とてもなごみます。
№655	アリス	戸越銀座	一度訪れてとても気に入ったけど、その後閉店。うさぎの看板がなんともキュート。
№656	シャルマン	戸越銀座	ウィンナーコーヒーが名物の店。椅子に影を落とす、鉄の仕切り模様が好きでした。
№657	アモール	武蔵小山	憧れて何年も入れなかった店のひとつ。訪れてみたら、想像どおりの素敵な店でした。
№658	王様とストロベリー	武蔵小山	ジャンボパフェが有名だけど、ケーキやスパゲッティも豊富。地元密着のいいお店です。
№659	喫茶ナイル	武蔵小山	アイスコーヒーが甘くて、初めての時はとまどったけど、たまに飲みたくなります。
№660	珈琲 太郎	武蔵小山	甘めのミートソースが美味しい店。麺が炒めてあるのが給食のようで懐かしい味です。
№661	純喫茶 団	武蔵小山	朝晩２度、訪れてもいいように音楽を変える気遣いも。コーヒーガールの置物が好きです。
№662	ナポリ	武蔵小山	珍しい黒いビロードの椅子が特徴です。アイスコーヒーは銅のカップで出てきました。
№663	カフェ テリー	西小山	散策で見つけた店です。見慣れた道でしたが、その日からは歩くのが楽しみに。
№664	フルーツパーラー たなか	西小山	果物屋さんが経営するパーラー。イチゴの季節になると、つい足を運びたくなります。
№665	東亜	荏原中延	程よく広くて静かな店内。赤いビロードのソファに、飴色の椅子が印象的でした。

№666	炭火焙煎珈琲 CAFE 中延	中延	店のいたるところに植物。そのせいでとても落ち着く。雑誌が自由に読める店です。
№667	ニュープリンス	中延	いつも美空ひばりの歌が流れる店。全ての壁に彼女のポスター、とてもユニークです。
№668	カフェ リア	旗の台	細い階段を上がった2階は意外と広く、いつも近隣の方たちで賑わう地元型純喫茶。
№669	伊藤珈琲店	大岡山	艶やかな茶色の壁、使い込まれた椅子とテーブルが並ぶ、とても落ち着いた店でした。
№670	石川台茶房 クラウン	石川台	きっと古くからの店。綺麗に改装されてたけど、家具はクラシックな喫茶店でした。
№671	金糸鳥(かなりや)	久が原	店内は落ち着いた茶色で統一。壁にはカナリヤではなく亀の飾りというがユニーク。
№672	コボちゃん	池上	入口のアーチと植木の緑が何だか植物園の入口みたいで、気分が落ち着く店です。
№673	CAFE LIBERTE(りべるて)	雑色	駅から近いせいか、店は純喫茶というより、地元の人たちの食堂として機能してます。
№674	ダリ	品川	純喫茶の少ない品川駅周辺で貴重な存在。漫画や雑誌も置いてあり一人でのんびりと。
№675	喫茶室 マロニエ	大井町	席数は80。ゲーム台の席と、ゆったりしたソファに分かれていて、快適な店です。
№676	コーヒー マーブル	大井町	縦長の店の壁に本棚、そこには漫画が並ぶ。静かな雰囲気で、まるで図書館のよう。
№677	モカ	大森	あまり行くことのなかった駅が、この店と出会ってなじみに。珈琲の素敵な店でした。
№678	モナリザ	大森	店内には豪華なシャンデリアがいくつもあって華やかな雰囲気。「ムダよね」とママ。
№679	ルアン	大森	→ P38掲載
№680	喫茶 麦	蒲田	外から見えるステンドグラスが綺麗だったので、ふらりと。店の中も素敵でした。
№681	市美多寿(しびたす)	蒲田	渋いマスターが黙々とホットケーキを焼く。今はなき神田の「万惣」の支店です。
№682	純喫茶 リオ	蒲田	商店街の一角に、古風なこぢんまりとした外観が。店内はクラシック喫茶店の風情。
№683	喫茶室 ポチ	北品川	改装されて新しくなったように見えたけど、緑色の床のタイルや飴色の椅子は健在でした。
№684	ルノアール 大崎ニューシティ店	大崎	思ったより広い店内。メリーゴーランドのようなきらびやかな座席に目を奪われます。
№685	ルノナール	新馬場	ベロアのソファから何もかもお気に入り。クリームソーダの紫色のコースターはイチオシ。
№686	キムラヤ	青物横丁	パン屋さんに併設された喫茶室。レトロな照明、水槽の真っ赤な金魚に癒されます。
№687	珈琲専門店 カフェムジカ	青物横丁	珈琲色の灯りに手招きされて。メニューには「世界各国の珈琲を愉しみましょう」と。
№688	スマトラ	立会川	ずっと行きたかった店は想像以上に好み。窓の向こうの川には水鳥。日常を忘れます。
№689	ユウザン	立会川	ソーダ水には、炭酸水の瓶が付く。自分で味を調整出来る心配りはマスターの性格から。
№690	MOTO	荻窪	常連と歓談中のマダムが、笑顔で奥に「どうぞ」。テーブルの花がとても素敵な店です。
№691	荻窪邪宗門	荻窪	「ファイアードアイスクリーム」という本当に火花の散るアイスクリームが有名な店。
№692	カフェ クレエル	荻窪	ランチタイムには本格洋食のメニューも。珈琲も一杯ずつサイフォンで淹れてくれます。
№693	珈里亜	荻窪	中央線を眺めながら、青色のクリームソーダを頂く。トーストも美味しい店です。
№694	DANTE	西荻窪	お薦めはダンテブレンド。注文すると珈琲の香りが店いっぱいに広がり、うっとり。
№695	POT	西荻窪	赤いポットのマークが目立つ店は、教会にありそうな椅子がとてもかわいい造りです。
№696	こけし屋 喫茶室	西荻窪	鈴木信太郎氏の描くイラストがかわいい店。喫茶室でも美味しい洋菓子が頂けます。
№697	それいゆ	西荻窪	地元住民に愛されて賑わっている店。水出し珈琲の大きな装置に見惚れました。
№698	どんぐり舎	西荻窪	座る席で気分が変わる森のような喫茶店。お薦めの窓際でじっくりと珈琲をどうぞ。
№699	ばばーる	西荻窪	「こんなところにお店が？」と驚く住宅街で美味しいレアチーズケーキを楽しめます。
№700	びあん香	西荻窪	緑溢れる入口、薔薇が活けられた店内。マダムのグラタンパンを食べてほしい店。
№701	プロティア	西荻窪	サイフォンで淹れる珈琲、バターたっぷりのトーストは切れ目が美味しさの秘密です。
№702	物豆奇(ものずき)	西荻窪	→ P22掲載
№703	ラランジェ	西荻窪	店内にはたくさんの漫画が置かれてます。もちろん自由に読めて珈琲も美味しいです。
№704	COFFEE HALL くぐつ草	吉祥寺	縦長の店は、絶妙な暗さ。一人で読書など、あてもなくぼんやり出来る店です。
№705	糸きりだんご喫茶室	吉祥寺	この店は、作家の嶽本野ばらさんの小説にも登場する、知る人ぞ知る喫茶店だそうです。

№706	エコー	吉祥寺	時間をかけて作られたアイスカフェオレには、綺麗な透明の氷が浮かんでいました。
№707	近江屋	吉祥寺	吉祥寺駅近くの交差点を眺めながら濃厚なダッチコーヒーを。禁煙でケーキが豊富です。
№708	カフェ フルーラン	吉祥寺	大人の似合う喫茶店です。囁くように話しながら誰かとひっそり珈琲を飲みたい。
№709	喫茶室 庭	吉祥寺	禁煙席と喫煙席に分かれています。壁には大きな彫刻、馬や船の置物も素敵な店です。
№710	グリーンヒル	吉祥寺	絵画や骨董品で溢れ、まるで美術館に迷い込んだような店。マスター夫妻も人気です。
№711	珈琲 散歩	吉祥寺	店の前を通るといつも珈琲のいい香りがする。晴れた休日の午後に合うお店です。
№712	シェモア	吉祥寺	看板に描かれたイラストの女の人がなんともお洒落で、店内には小さな池もありました。
№713	バロック	吉祥寺	思ったよりもずっと居心地が良くて、静かなクラシックに溶けていくのも楽しいかも。
№714	プチ	吉祥寺	→ P43掲載
№715	ボア	吉祥寺	赤いベロアのソファの背もたれにかけられた白いカバー。東郷青児さんの絵も映えます。
№716	武蔵野文庫	吉祥寺	喫茶店とカレー。抗えない組み合わせ。こちらもカレーが名物でファンがたくさん。
№717	ゆりあぺむぺる	吉祥寺	1階席も2階席も、大きな声で話すのがはばかられるような上品な空気の一軒家です。
№718	ロゼ	吉祥寺	移転しても、そこになじんでました。名物のナポリタンは相変わらず美味しい味でした。
№719	珈琲家(かふぇや)	三鷹	再開発で幕を閉じた純喫茶。2階席はゆったり、1階席はレトロな空気がいい感じでした。
№720	人形の館	三鷹	ブルー・コメッツの三原綱木さんのお母様が作った人形を眺めながら、珈琲を飲める店。
№721	リスボン	三鷹	60年の老舗のマスターはユーモアがあってダンディ。ランチバスケットがお薦めです。
№722	宮殿	西武柳沢	鰻の寝床のように縦に長い店内は、禁煙席も用意されているのが嬉しいポイントです。
№723	フジカフェ	田無	サイフォンを模した店名ロゴがカップに入っています。食事メニューが豊富で素敵です。
№724	くすの樹	武蔵境	→ P54掲載
№725	純喫茶 毬藻(まりも)	東小金井	店名は「毬藻」だけど訪れてくれる人を思い、マスターが看板は平仮名にしたそうです。
№726	ドリヤン洋菓子店	鷹の台	有名洋菓子店に併設された喫茶室。なぜか店内には日本人形がずらりと並んでいます。
№727	待夢(たいむ)	小川	マスターのキャラクターが濃厚。長年のギターのコレクションに見入っていしまいます。
№728	珈琲専門店 アミー	国分寺	プリンアラモードにも心惹かれたけれど、炭焼珈琲はキリリと苦く、美味でした。
№729	でんえん	国分寺	外を遮断するような濃厚な空気の中でじっとしていると、そのまま溶けそうです。
№730	国立邪宗門	国立	オレンジ色の髪にパイプをくゆらす元船乗りのマスター。何度行っても景色の違う店。
№731	ロージナ茶房	国立	学生を思うマスターのやさしさゆえか、どんなものを注文しても、量が多い店です。
№732	ペルリ	仙川	階段の下のショーケースの中で、古い食品サンプルが赤い光に照らされ、艶やかでした。
№733	フルール	調布	一軒家で中庭やステンドグラス、シャンデリアのあるゴージャス喫茶。店内には鯉も。
№734	喫茶 みよし	京王多摩川	地元では有名な鯛焼きが食べられる老舗の店。皮がぱりぱりで餡たっぷり。熱いお茶で。
№735	珈琲の館 香(かおり)	府中	広い窓から射し込む光が明るい店。銅のカップのアイスコーヒーが私のお気に入りです。
№736	珈琲亭 キャメル	高幡不動	魚の絵柄がガラスに貼られてます。昔からそこにあるようなクラシックな純喫茶でした。
№737	憩	八王子	→ P71掲載
№738	田園	八王子	「田園という名の純喫茶にはずれなし」というのが私の持論。ここも素敵な店でした。
№739	土門	八王子	山小屋喫茶店という感じで落ち着きます。食事メニューが豊富で、どれも美味しそう。
№740	オルム	高尾	「お洒落とコーヒーの店」というキャッチフレーズが、いつまでも頭の中に残ります。
		神奈川県	
№741	WIEN	横浜・関内	閉店の知らせを頂いてから訪れたことを後悔しました。サンドイッチが美味でした。
№742	コーヒーの大学院 ルミエール ド パリ	横浜・関内	→ P43掲載
№743	横浜かをり	横浜・日本大通り	珈琲カップには「KAWORI」のオリジナルロゴ。天井のアーチがとても綺麗な店でした。
№744	ろんしゃん	横浜・石川町	5台のテレビから違う映像が流れ、音声はひとつでだけ聞こえているユニークな店です。

№745	アミーコ	横浜・馬車道	未来を感じさせる白い壁と紺色の天井に囲まれて、正統派で絶品のナポリタンをぜひ。
№746	Coffee　サンパウロ	横浜・野毛	散策の途中、ふらっと立ち寄った店。マッチのデザインがとてもポップで好みでした。
№747	ぱぁら～泉六ツ川店	横浜・六ツ川	フルーツソーダは緑色のソーダ水に果物が載ったもの。パフェのボリュームが有名です。
№748	タケヤ	横浜・黄金町	バーのように長いカウンターで、最初に目をひいたのはアイドル猫のももちゃんでした。
№749	コーヒーマツモト	横浜・阪東橋	→ P90掲載
№750	紅琲道場	横浜・根岸	メニューは少し高めですが、美しいサンドイッチに感動。琥珀の空間でくつろげます。
№751	コスタリカ	横浜・鶴見	鶴見駅前にあり、珈琲が美味しい店でした。最近閉店してしまい、とても残念です。
№752	タンゴ	横浜・鶴見	メニューに「日替わりスパゲッティ食べ放題」。全て手作り、どれも美味しい店です。
№753	ラズベリー	横浜・鶴見	店は植物がふんだんで落ち着きます。ガラス窓も多く、陽射しを受ける緑は格別です。
№754	アップ	横浜・東神奈川	思ったより広い店内は、サラリーマンや若者で大賑わい。地元思いのいい店です。
№755	トロンボ	横浜・保土ヶ谷	期待どおりの美しい店には、絵、床の絨毯、飾られた造花と、薔薇のモチーフがたくさん。
№756	珈琲貴族	横浜・戸塚	お目当ては食パン１斤を半分使っている「キゾクトースト」。ふわふわでまろやかです。
№757	カルディ	横浜・綱島	端正な顔立ちのマスターが粛々と珈琲を淹れ続ける姿に、なぜか感動してしまいます。
№758	サガン	横浜・綱島	冷たいウインナーコーヒーを頼んでみたら、そこには大量の生クリームが載ってました。
№759	ルアーブル	横浜・白楽	入口近くに大きな楕円のテーブル。真ん中に綺麗な生花。それだけでくつろぎます。
№760	グリーンメドウズ	横浜・白楽	程良い明るさの店内。席に着くと、感じのいい笑顔のマダムが迎えてくれました。
№761	イワタコーヒー店	鎌倉・小町通り	名物の分厚いホットケーキは黄色の焼き色が綺麗で、美しい中庭を眺めながら頂けます。
№762	鎌倉館	鎌倉・小町通り	マダムがカウンターの上に飾られたカップについて話してくれる。中には80年ものも。
№763	喫茶 パレサ	鎌倉・小町通り	「入りにくいから来てくださると嬉しいです」と笑うマダムからお菓子を頂きました。
№764	珈琲郷　身似虚無（みにこむ）	鎌倉・小町通り	天井に近い壁に、珈琲の種類ごとに説明の壁紙。それを読むのが楽しい店です。
№765	パーラー扉	鎌倉・小町通り	レトロなエレベーターで２階へ。メニューにある「鍵」のイラストが、お洒落です。
№766	ミルクホール	鎌倉・小町通り	アンティーク家具の雰囲気、酸味と苦味のある珈琲、カラメルのプリンまでもが素敵です。
№767	門	鎌倉・小町通り	茶色と白で統一された店内が美しい。テーブルひとつひとつに季節の花がありました。
№768	樹（いつき）	鎌倉・長谷	山小屋のような雰囲気が素敵です。入口には鳥のエサ箱、さえずりが聞こえることも。
№769	かうひいや３番地	鎌倉・長谷	店内のアンティーク家具が控えめな灯りに映える。珈琲は香りが素晴らしい一品でした。
№770	浮（ぶい）	鎌倉・長谷	→ P66掲載
№771	ロンディーノ	鎌倉・御成町	気になっていた駅近くの店。感じのいい店員さんが盛り付けるケーキが素敵な店でした。
№772	ヲガタ	鎌倉・御成町	鎌倉駅前の店。寒い日に訪れると、珈琲の香りが店内の暖かさと共に漂います。
№773	門	鎌倉・北鎌倉	こぢんまりとしているけど、小さくてかわいい庭が見える。お気に入りの店です。
№774	侘助（わびすけ）	鎌倉・北鎌倉	風が気持ち良く吹き抜ける店内。目の前で淹れてくれるサイフォン式珈琲も美味です。
№775	SEA SIDE HOUSE	三浦・三崎口	壁には著名人の素敵な似顔絵がたくさん。マスター夫妻が描かれたのでしょうか？
№776	甘露	三浦・三崎口	海へ向かう途中のお店。とても暑い日、海の名前の珈琲を飲んだ思い出があります。
№777	ジュ・ルピアン	三浦・三崎口	海の眺めがいい喫茶店。青い空と夏の風に、クリームソーダが似合っていました。
№778	まりも	川崎・新丸子	純喫茶然とした店内は広く全席禁煙です。以前、入口の小さな池に鯉が泳いでました。
№779	モニカ	川崎・武蔵小杉	カウンター席で、常連さんが話し込む温かい店。チーズケーキがとても美味でした。
№780	いーはとーぶ	川崎・元住吉	メニューに杏が入ったものがたくさん。あんずパフェはボリュームたっぷりでした。
№781	喫茶 らんぷ	川崎・元住吉	お気に入りの店でした。珈琲豆が敷き詰められたテーブルを譲り受け、大切にしてます。
№782	オークラ	川崎・登戸	想像どおりに広い店内。セピア色の椅子や机も見事。それだけで、なんだかそわそわ。
№783	フラワー	川崎・東門前	入口の階段に花がいっぱい。店内は赤色のソファ、壁は写真や提灯で溢れてます。
№784	ウエスト	湯河原	清潔感と安心感のある店です。壁には竹久夢二の素敵な絵がいくつも並んでいます。

№785	メルヘン	湯河原	マスターが喫茶店好きで、いろいろなところで珈琲を飲み、この店を造りあげました。
№786	純喫茶 マイアミ	箱根湯本	ごく普通の店だけど、入口に置かれた湯気の出る珈琲カップの飾りに惹かれます。
№787	ベル	箱根湯本	駅からすぐ。箱根旅行が始まる前、珈琲を飲みながら計画を練りたい店です。
№788	ジュリアン	藤沢	→P23掲載
№789	灯(ともしび)	藤沢	→P58掲載
№790	喫茶 ベルフラワー	南藤沢	大きな窓ガラスに小さな花のシールがたくさん。灯りがきらきら反射して綺麗でした。
		山梨県	
№791	夢民	甲府・丸の内	瓢箪形の器にはミートソーススパゲッティとカレーが半分ずつ。あとを引く好みの味です。
№792	六曜館	甲府・丸の内	→P42掲載
№793	徽典館(きてんかん)	甲府・丸の内	今日はどこにしようかと散策、見つけたのがここ。チーズケーキも美味しかった。
№794	貴石	甲府・中央	入口の桃色の公衆電話が素敵。店内の黒い椅子が夜の雰囲気を醸し出していました。
№795	ブン	甲府・宝	「最近は常連さん以外とは目を合わせないようにしている」というママがユニークです。
№796	M2	富士吉田	純喫茶というよりは近所の人たちの食事の場で、ひっきりなしに人が出入りしてました。
№797	喫茶 手利亜(てりあ)	富士吉田	テーブルの砂糖入れのイラストがとてもかわいい。花と少女、横に「やなせたかし」の署名。
№798	喫茶 富士	富士吉田	→P75掲載
		静岡県	
№799	パインツリー	熱海・銀座町	大きなショーケース内のサンプル、ビニールのような質感の緑色の椅子が、昭和です。
№800	ボンネット	熱海・銀座町	→P74掲載
№801	ぐりむ	熱海・咲見町	お茶屋さん併設の店。店の子供がくつろいでいたりと、ゆっくりと時間が流れる空間。
№802	くろんぼ	熱海・咲見町	1階は妹、地下は姉が営む喫茶店。それぞれ内装や珈琲の味も違って、迷う店です。
№803	プリン亭	熱海・咲見町	観光地なのに、良心的な価格で食事出来る店。名物のプリンも素敵な味わいでした。
№804	木の実	熱海・清水町	店内の雰囲気がレトロ。冷たい珈琲を注文すると銅の容器で出してくれるのが嬉しいです。
№805	槇(まき)	熱海・清水町	窓のステンドグラスが午後の陽射しに輝く中で、真紅のレモンティーを頂きました。
№806	ラ メール	熱海・清水町	熱海を散歩していた時に見つけた店。品のいいマスターの笑顔がごちそうでした。
№807	貴奈	熱海・田原本町	とても綺麗な店内で、タマゴサンドと珈琲を頂く。しっとりした味のサンドです。
№808	フルヤ	熱海・田原本町	真っ青な天井に、白と赤の花の螺旋階段、花模様の鉄の仕切りととにかく絢爛な店です。
№809	純喫茶 田園	熱海・渚町	真ん中に観葉植物が無造作に置かれ、鯉が泳ぐ池もあるユニークな店でした。
№810	サンバード	熱海・東海岸町	窓からは太平洋が見渡せます。中は想像以上に広く、自家製のケーキもいい味です。
№811	カフェ ド リマ	三島・三島駅	窓辺に置かれた色とりどりのガラス瓶が印象的。2階にある静かで落ち着く店でした。
№812	あんりえっと	三島・大社町	流れる静かなジャズ。少し低い椅子も、カウンターで微笑むマスターも素敵でした。
№813	蓮(れん)	三島・芝本町	散歩の途中で見つけた和風喫茶。珈琲を飲みながら、店内に多数並ぶ骨董品の鑑賞を。
№814	ティーサロン ボナール	三島・広小路町	ひなびた外観だけど、魅力的な店。「ティーサロン」という響きも珈琲も上品でした。
№815	サンマリノ	静岡・葵区	民芸家具の空間。棚にずらりと並ぶカップ。どれが運ばれて来るのかも、楽しみです。
№816	ポプラ	静岡・葵区	とにかくフルーツサンドが美しい。珈琲の香りを損なわない禁煙も嬉しい気配りです。
№817	リッチ	静岡・葵区	笑顔のママ目当てにカウンターに常連さん。安くて美味しいトースト系メニューが豊富。
№818	洋菓子喫茶 富士	静岡・清水	ケーキの持ち帰りも出来る店。並んだ黄色い照明と紙ナプキンのイラストは必見です。
№819	喫茶こんどう	浜松・中区	カウンターだけの店。ネルドリップで淹れる珈琲が美味しいと評判で実際にそうでした。
		長野県	
№820	奈良堂珈琲店	長野・権堂町	入った瞬間、心を奪われました。正しく琥珀色の店内は、申し分ありませんでした。
№821	まるも	松本・中央	→P59掲載

№822	茶房 炉苑(ろえん)	松本・中央	椅子やテーブルが地元松本の民芸家具なのが新鮮です。店内の向日葵も素敵でした。
№823	翁堂茶房(おきなどう)	松本・大手	和菓子店が営む喫茶室では、かわいらしいタヌキの形をしたケーキを楽しめます。
№824	シンフォニア	松本・大手	創業50年近い老舗。看板のデザインがとても良くて、そのマッチ箱を頂きました。
№825	ティールーム 花月	松本・大手	すぐにでも再訪したい店。誰もいなかったので喫煙室にも。どちらも素敵な空間でした。
№826	coffee room Wataryo	上田・中央	店名の由来は「綿良」という老舗の繊維会社だそう。珈琲も老舗の風味でした。
№827	甲州屋	上田・中央	大きな窓に黒い糸のカーテン、つやつやの茶色の椅子、席の間隔まで素敵な店です。
№828	ニュービーナス	上田・中央	「では場所を忘れて迷わないように」と、やさしいマスターにマッチ箱を頂きました。
№829	能登屋	上田・天神	和風の佇まいは緑茶が似合いそうだったけど、珈琲に黒豆をサービスしてもらいました。
№830	木の実	埴科郡・坂城町	薄暗くて洞窟のような店内なので落ち着きます。天井には不思議なオブジェもあり。

新潟県

№831	香里鐘(かりよん)	新潟・古町通	テーブルに水槽、中には涼しそうなクラゲ。メニューもなんとクラゲの写真入りです。
№832	喫茶 マキ	新潟・古町通	テーブルに懐かしい星占いのおもちゃ。大きなピアノが陽射しに輝いてました。
№833	喫茶 リオ	新潟・古町通	使い込まれて豊かな艶を出す革張りのソファが、午後の陽射しに輝く。落ち着く店です。
№834	白十字	新潟・古町通	1946年創業の老舗。船のような店内、灯りが、国立にあった老舗「邪宗門」に似てます。
№835	蒼紫(ぱるむ)	新潟・古町通	珈琲は、蒼ブレンドと紫ブレンドの２種。丁寧に淹れられた珈琲は、苦くて美味です。
№836	喫茶 スワン	新潟・西堀通	セピア色が素敵な店内にはピアノとドラムセット。壁にびっしり並ぶレコード。
№837	砂場	新潟・西堀通	町屋造りの外観、琥珀色に輝く店内、そのどれもが居心地の良さを演出してました。
№838	セロ	新潟・西堀通	昼休みのサラリーマンで混んでいました。アイスティーの豊かな味を不思議と覚えてます。
№839	カフェ ド 陶(とう)	新潟・東堀前通	棚に自家製ジャムやクッキー。頼む前に、食べたいものがたくさんで困ってしまいます。
№840	喫茶 ひぐち	新潟・営所通	マスターが「珈琲でいいですか」と声をかけてくれたのでアイスコーヒー。絶品でした。

富山県

№841	サイホン	富山・総曲輪	珈琲専門店かと思ってましたが、食事がとても美味しかった。近くだったら通います。
№842	やまむろ	富山・総曲輪	パンと珈琲の美味しい店。大きな窓で明るい店内は居心地が良く長居してしまいます。
№843	雷鳥	富山・総曲輪	店名は富山県の県鳥。賑やかな繁華街の中にあり、今日も堂々と日々を刻んでいます。
№844	ブルートレイン	富山・鹿島町	→ P90掲載
№845	ウィーンの森	富山・桜町	質素な入口から想像出来ないゴージャスな店。装飾品を眺めながらモーニングを。
№846	ちんちら	富山・千石町	→ P22掲載
№847	ツタヤ	富山・堤町	富山最古の純喫茶。内装は新しくなりましたが、ダンディなマスターは変わらず健在。

石川県

№848	純喫茶 ローレンス	金沢・片町	五木 寛之さんが通い、直木賞受賞の報を受けた店。現実離れした空気の不思議な店。
№849	ぱるてぃーた	金沢・広坂	金沢21世紀美術館の近く。店内の、クラシックでセンスのいい調度品に喧騒を忘れます。
№850	珈琲館 禁煙室	金沢・尾張町	店名にとても惹かれて訪れたその店は、禁煙でも分煙でもなかったけど、素敵でした。
№851	チャペック	金沢・西都	魚市場近くにあった自家焙煎の喫茶店。大きな窓から入る暖かい光が感じよかったです。

愛知県

№852	ドリアン	名古屋・名駅	半地下、１階、中２階と、様々な席を楽しむことが出来る店。早朝がお薦めです。
№853	エンゼル	名古屋・栄	メニューサンプル、窓ガラスの水色のライン、まあるい取っ手、全てが美しい店でした。
№854	ライオン	名古屋・栄	店名入りのカップで頂くモーニングが素敵でした。次はプリンも食べたいです。
№855	カラス	名古屋・栄	名古屋といえば小倉トースト。何軒かで頂きましたが、ここが一番の味でした。
№856	クラウン	名古屋・錦	名古屋に行くたびに訪れ、３回目で入店達成。心地良いソファで静かな旅のひととき。
№857	太平洋	名古屋・大須	ユニークな店名、椅子、照明、クリームソーダのグラスまで、全部私の好みでした。

№858	モカ珈琲店	名古屋・大須	モーニングのトーストは50円増しで小倉トーストに。雪平鍋からの珈琲がしみます。
№859	エーデルワイス	名古屋・東桜	緑色と茶色で統一され、「これぞ純喫茶」とうっとりし、しかもなぜか落ち着きます。
№860	グロリヤ	名古屋・東桜	名古屋に来たからには小倉トーストを。その願いはここで。2階からの眺めも好きです。
№861	ボンボン	名古屋・泉	→P27掲載
№862	タムラ	名古屋・高見	→P35掲載
№863	喫茶マウンテン	名古屋・滝川町	純喫茶好きなら訪れてほしい。スパゲッティーの甘口抹茶小倉を完食するのが夢。
№864	シューカドー	名古屋・堀田	入口では、マスコットキャラクターのオウムがお出迎え。メニューも魅力的な店です。
		三重県	
№865	スワサロン	四日市・諏訪栄町	地元の人が薦めてくれた喫茶店。洋菓子店併設で、シュークリームが美味でした。
		京都府	
№866	インパルス	京都・河原町	京都らしさを残す細長く小さな壷庭がある喫茶店。「珈琲専門店」なので種類が豊富。
№867	築地	京都・河原町	ウインナーコーヒーの美味しい店。濃いめの珈琲にふわりとした生クリームが合います。
№868	六曜社一階	京都・河原町	→P26掲載
№869	六曜社 地下店	京都・河原町	京都で必ず行く店。行かないと、新幹線に乗ってから落ち着かないほど好きな空間です。
№870	長楽館	京都・円山公園	「明治の煙草王」村井吉兵衛の洋館。迎賓館らしく、天井の高さに見惚れます。
№871	喫茶 フランソワ	京都・木屋町通	入ってすぐの所が、雑誌によく掲載される部屋。なんとも豪華な雰囲気の空間です。
№872	珈琲 エルベ	京都・木屋町通	日当たりのいい席から見える木の扉が素敵。白いレースのカーテンが気品を醸し出します。
№873	ソワレ	京都・木屋町通	店に入ると青い光、壁には東郷青児、宝石のようなゼリーのソーダ水。全て素敵です。
№874	陶	京都・清水五条	シャンデリアの黄色い光で、使い込まれた木の椅子たちがとても艶々としていました。
№875	喫茶 石	京都・祇園	1階は宝石店、3階は蕎麦屋。近未来的なのに、どこか上品なところが京都です。
№876	切り通し進々堂	京都・祇園	ゼリーの美しさで知られる店。京都らしい所に来た、と実感する空間です。
№877	まる捨	京都・祇園	上品で美しいママの絞る果物ジュースが美味しい店。窓枠のレモンが営業中の印です。
№878	スマート珈琲店	京都・三条寺町	→P58掲載
№879	アンダデパンダン	京都・三条御幸町	地下なのに窓から射し込む光のおかげで明るくて、居心地の良い空間の店でした。
№880	シュベール	京都・三条会商店街	立派な彫刻が飾られた店。マスターの昔の京都の素敵な話が、楽しいごちそうです。
№881	ドール	京都・三条会商店街	ふらっと入れる店。昼はカウンター席まで埋まり、美味しそうな匂いで満たされます。
№882	扉	京都・千本三条	京都の友人のお気に入り。メニューがカッコ良く、同じデザインのマッチも有名でした。
№883	前田珈琲明倫店	京都・烏丸駅	温もりを感じる木のテーブル、素敵な接客の店員さん。それだけで居心地良くなります。
№884	イノダコーヒ本店	京都・烏丸御池	高田渡の「コーヒーブルース」にも登場する老舗。常連のそばに緊張して座りました。
№885	喫茶 セブン	京都・烏丸御池	入口近くの天井はとても高く吹き抜けに。店になる前は寺の本堂だったとか。
№886	マドラグ	京都・烏丸御池	「セブン」の居抜き空間、「コロナ」の名物タマゴサンドを引き継いだ店です。
№887	ラ・ヴァチュール	京都・神宮丸太町	くるみのタルトも飴色のタルトタタンも、とろけるほど甘く、幸せの味がします。
№888	翡翠(ひすい)	京都・北大路堀川	店名の文字だけでうっとり、中に入って、手書きのかわいいメニューにまたうっとり。
№889	パロット	京都・一乗寺	叡山電車で一乗寺を散策するのが好きです。その途中で出会った酸味のある珈琲の店。
№890	ゴゴ	京都・出町柳	変わらない外観、珈琲豆を焙煎する香りがして、入ると新しい主人に迎えられました。
№891	柳月堂(りゅうげつどう)	京都・出町柳	「くるり」の岸田繁さんが訪れてた名曲喫茶。美味しいパンを買い、耳を澄ませましょう。
№892	シーシーズ	京都・二条駅	回るショーケースのケーキを目当てに。小さな木の椅子もとてもかわいい店でした。
№893	チロル	京都・二条城前	山小屋のような外観。中には使い込まれたテーブル。カレースパゲッティが名物です。
№894	静香	京都・北野白梅町	厨房からタマゴトーストの作り方を教えるマダムのやさしい声。雰囲気のいい店です。
№895	空(くう)	京都・京都タワー	京都タワー展望室にある喫茶室。京都駅前の風景をぐるりと見渡しながら珈琲を。

№896	NASU	京都・京都駅北	てきぱきと動く明るいマスターのカレーは美味しいだけでなく、盛り付けも斬新です。
№897	YA-BE	宇治・宇治駅	サイフォン珈琲も有名だけど、マスターのイチ押しはあんみつ。外観が黄色の店です。
№898	フルール	長岡京・長岡天神	一軒家で、中庭やステンドグラス、シャンデリアのあるゴージャス喫茶。店内には鯉も。
		奈良県	
№899	奈良ホテル ティーラウンジ	奈良・高畑町	憧れの奈良ホテル。店の人に頂いた鹿のイラスト入りコースターは私の宝物です。
		大阪府	
№900	King of Kings	大阪・梅田	店内にグランドピアノ、アルコールを出すためのカウンターの高級感が素敵です。
№901	ルビアン	大阪・梅田	朝9時過ぎでも賑わっている店。壁の絵を眺めながらのモーニングは素敵な味でした。
№902	喫茶 マヅラ	大阪・梅田	真ん中にある椅子が丸いソファシートだったり、「昭和」な空気をたっぷり感じます。
№903	喫茶 ミクロ	大阪・梅田	濃厚なマンゴージュースがお薦め。果物たくさんの自慢のカレーも食べてみては。
№904	珈琲の辞書	大阪・梅田	時間の止まった古い柱時計。鮮やかな水差し。テーブルには赤い花。どれも素敵です。
№905	アラビヤコーヒー	大阪・なんば	ターバン姿の男性のカップで珈琲を楽しみます。壁に木彫りの飾りもたくさんです。
№906	喫茶 ロア	大阪・なんば	長い間憧れていた店にやっと入店。ピンクの公衆電話、温度計までが素敵な店でした。
№907	珈琲艇 キャビン	大阪・なんば	→ P43掲載
№908	純喫茶 アメリカン	大阪・なんば	シャンデリア、2階へ続く螺旋階段、メニューサンプル。全部気になるものばかりです。
№909	コロンボ	大阪・天神橋	広い店内、壁にはステンドグラス。2階から商店街を眺めながら珈琲を頂きました。
№910	ビクター	大阪・天神橋	入口の木の質感、レトロなメニューサンプル、2階のステンドグラスも全て素敵です。
№911	プランタン	大阪・天神橋	照明やオブジェはどこかゴージャスで、店内の明るさも程度よく、好みでした。
№912	麗門（れいもん）	大阪・天神橋	地元の人たちで、賑わってました。店内はシンプルで、昔からここにある歴史を感じます。
№913	喫茶 スワン	大阪・阿倍野	かき氷にはゼリーとさくらんぼとみかんが載っていて、とても喫茶店ぽいビジュアル。
№914	コーヒーハウス 田園	大阪・阿倍野	ウェイトレスの制服姿が新鮮。琥珀色の店に馴染む赤いワンピースがまぶしいです。
№915	純喫茶リカ	大阪・阿倍野	寡黙に珈琲を淹れるマスター、にこやかなマダムの店は、昭和が生きる稀有な店です。
№916	ブラジル	大阪・十三	十三駅のそば､創業53年の純喫茶。開店当時の写真と変わっていないところに感動です。
№917	タンポポ	大阪・住吉	→ P19掲載
№918	ネースト	大阪・住吉	阪堺電車を途中下車。小ぶりな店かと思ったら広い店内で、食事も美味しそうでした。
№919	喫茶 潤	大阪・西中島	「想像以上に素敵でした」とマスターに伝えると、いろんな話をしてくださいました。
№920	グリーンパーク	大阪・西中島	駅からすぐの店だけにお客さんがひっきりなしに訪れます。自慢の珈琲も大人気。
№921	コーヒーショップ ダイヤ	大阪・福島	思わず声があがるほど分厚いホットケーキ。これを求めて、開店時から賑わいます。
№922	バイパス	大阪・福島	大阪の友人から聞いた「大衆喫茶」という言葉がしっくりくる喫茶店だと思います。
№923	カトレア	大阪・西成	店名に「グリル」とあり、やはり食事は、ステーキ、カレーライスと盛りだくさんです。
№924	ニュープリンス	大阪・西成	外からはわからなかったけど、地下、1階、中2階の空間があったことに驚きました。
№925	千成屋珈琲店	大阪・浪速	威勢のいいマスター、艶々とした素敵な椅子。お薦めは、名物の果物ジュースです。
№926	喫茶 アロハ	大阪・旭	椅子には花柄の座布団。珈琲を飲みながら誰もいない朝の喫茶店の匂いを楽しみます。
№927	コスモス	大阪・住之江	商店街で働く人たちの憩いの店。寡黙なマスターが作るタマゴサンドイッチが絶品です。
№928	純喫茶 アコオ	大阪・王子町	レンガ造りの店。誰もいない店内で、老夫婦と一緒にテレビを見て過ごしました。
№929	ニューyc	大阪・角田町	有名なタマゴサンドを頼むと、卵焼きの黄色がとても鮮やかで、深みのある味わいでした。
№930	紫光（しこう）	大阪・北加賀屋	入口の本棚には漫画がたくさん。飴色の椅子は背の角度が、ちょうどいい感じでした。
№931	喫茶 まりも	大阪・黒崎町	白と緑を基調とした外観。入口のまあるい小窓がかわいく、店名のロゴも素敵です。
№932	純喫茶 三輪	大阪・船場中央	椅子もウェイトレスの制服も真紅。昭和にタイムトリップしてパフェを頂きました。
№933	サンシャイン	大阪・曽根崎	見た目だけでなく、冷めてもふわふわと美味しいホットケーキをぜひ食べてみて。

№934	純喫茶 ケニヤ	大阪・道頓堀	常連客で賑わう店内は正統派の純喫茶、窓から射し込む午後の陽射しが印象的です。
№935	大大阪	大阪・中之島	今はなき、名建築物の中にあった喫茶室。もう一度訪れて珈琲を飲みたかったです。
№936	ゆうなぎ	大阪・松虫	路面電車に揺られ、松虫という駅前で見つけた店。1本足の赤い椅子がかわいいです。
№937	アジアコーヒ	大阪・都島	珈琲は一杯 150円。入って右側にある電車のシートのようなオレンジの椅子も素敵。
№938	COFFEE HOUSE 再會	大阪・昭和町	店内全体が暖かそうな琥珀色に染まっている。入口のポットの看板がキュートです。
№939	アジサイ	大阪・中崎町	ごく普通の喫茶店だけど、何度も通うと癖になる魅力溢れるクラシックな店です。
№940	ケニア	八尾・東本町	地元に愛される憩いの場。ひっきりなしに扉が開き、常連客がにこやかに来店します。
№941	プランタン	八尾・北本町	クリーム色の椅子、店内にシャンデリアが輝き、マスターはとってもアットホーム。
№942	ミュンヒ	八尾・刑部	→ P71掲載

兵庫県

№943	ポエム	神戸・元町通	40年以上続いていた老夫婦の営む喫茶店を、居抜きの形で新装開店したそうです。
№944	M＆M	神戸・栄町	木の温かみを感じる店内では思わず体が動くジャズ。名物のギネスカレーが気になりました。
№945	喫茶 フリージア	神戸・新開地	午後の陽が射し込む窓際で限定フラッペ。さくらんぼ付きのミルク味は素敵な昭和の味。
№946	光線	神戸・新開地	店内では、懐かしいポップス。壁にはセピア色のアイドルのポスターがぎっしりです。
№947	純喫茶 ニッポン	神戸・新開地	橙色と緑色の看板は、純喫茶好きにはたまらない。レモンスカッシュが甘過ぎず美味。
№948	ベラミ	神戸・新開地	ミッドセンチュリー風の家具で統一された美しい店内で頂くオムソバが美味でした。
№949	オカモト	神戸・荒田町	いつかの旅の途中に訪れた店です。大きなカップでミルクセーキを頂きました。
№950	珈琲関新（せきしん）	淡路・淡路	「美味しいから淡路に来てよかったと思うよ」とマスターがシュークリームをくれました。
№951	喫茶 からすま	南あわじ・福良乙	映画撮影中の夏目雅子さんが通った店。珈琲はモダンな模様のノリタケのカップ。

岡山県

№952	東京	岡山・田町	閉店前にその内装をどうしても一目見たくて新幹線に。本当に惜しい名曲喫茶でした。
№953	ニューキャッスル	岡山・中山下	純喫茶なのにまるで水族館。マスター自作の水槽では、ザリガニや金魚が泳ぎます。
№954	平和	岡山・平和町	ぽってりした椅子に惹かれて。居心地良く過ごせる距離感で放っておいてくれる店。
№955	ルモンド	倉敷・下庄	広い店内は、禁煙席と喫煙席に。周りを気にせずゆったりと自分の時間を過ごせます。
№956	ニューリンデン	倉敷・広江	ピンク色の素敵な屋根と城のような外観が、通りすがりの人たちの心をつかみます。
№957	まほろば珈琲店	総社・宿	近所の人たちの台所的存在。笑顔の素敵なママの食事メニューはどれも美味しそう。

広島県

№958	コロナ	広島・銀山町	繁華街の中にあり、夜遅くまで営業。緑のひさしに書かれた店名のフォントがかわいい。
№959	パルコ	広島・本川町	純喫茶を求めて1日歩いた体に、檸檬の酸味と冷たさが沁みたレモンスカッシュでした。
№960	紫陽花	広島・光町	船をイメージした空間。大きな一枚板のテーブルは「米松造り」という家具だそうです。
№961	潮	広島・京橋町	→ P58掲載
№962	純喫茶 パール	広島・松原町	閉店から数年経っても記憶の中では輝きが失せません。そんな完璧な美しさでした。
№963	喫茶 しま	廿日市・宮島	カウンターには手作りのパン。「エリザベス」というケーキが甘くてやさしい味でした。

山口県

№964	喫茶 ドリアン	山口・中央	和服のマダムが淹れてくれたミルクティーを、カウンターで飲んだ思い出があります。
№965	珈琲館 琥珀	山口・後河原	ホタルを見られる川沿いの店。茶色で統一された落ち着いた店内がお気に入りです。
№966	純喫茶 コテイ	山口・米屋町	丸みのある薄茶色の椅子が並ぶ。2階への階段の手摺りが波のような模様で綺麗です。
№967	下関異人館	下関・唐戸町	コーヒーマイスターが淹れてくれる1日10杯限定のカフェオレをいつか飲みたいです。
№968	カフェ 多羅葉（たらば）	下関・南部町	郵便局の中にある店。中庭で珈琲を頂き、手紙を書いて旅先から珈琲の香りを乗せて。

香川県

№969	自家焙煎 ながい珈琲店	高松・今新町	お気に入りは、珈琲豆の文字盤の壁掛け時計。この時計で刻まれる時間が素敵でした。
№970	喫茶 城の眼(しろのめ)	高松・紺屋町	香川県を代表する建築家が造った店。石で出来たスピーカーボックスも有名です。
№971	カフェテラス グレコ	高松・田町	神殿のような白い柱、砂糖入れの薔薇の彫刻、アーチ形の窓、全て期待どおりです。
№972	かわらまち	高松・常磐町	壁には船の舵。曇った窓から外を見れば、海の中にいるようにも感じられる店です。
№973	皇帝	高松・兵庫町	喫茶店 BGMは無音かクラシックが好きですが、店主好みのジャズに夢中になれます。
№974	ミキ	木田郡・三木町	2階から1階を見下ろせる喫茶店は、私の中で格別。手書きのメニューにもなごみます。

福岡県

№975	とらや	北九州・門司港	この一帯で有名な「焼きカレー」が美味しかった店。福岡に行ったら訪れたい店です。

長崎県

№976	ふじの	長崎・江戸町	昼時は近隣のサラリーマンで賑わう。黒い椅子と茶色の店内の配色バランスが芸術的。
№977	珈琲 冨士	長崎・新大工町	→ P27掲載
№978	ミレー	長崎・新大工町	とても広い喫茶店。会議室になる個室が2部屋も。懐かしい電話ボックスもあります。
№979	オリンピック	長崎・浜町	パフェやトルコライスが豊富な店。名物は120センチのパフェ。挑戦する価値ありです。
№980	カフェ ド トワレ	長崎・浜町	ステンドグラスが素敵です。段差がいくつかあり、座る席で違った情景も楽しめます。
№981	ツル茶ん	長崎・油屋町	九州最古の喫茶店。アイスクリームは銀色の器。ミルクセーキはレモンが香ります。
№982	象の仔	長崎・江戸町	なぜかエスニックな小物がたくさん。ママはとてもやさしく、みんなの憩いの場です。
№983	冨士男	長崎・鍛冶屋町	長崎に何店舗もあった有名店。今まで食べたフルーツサンドの中で、一番美味でした。
№984	伽羅(きゃら)	長崎・金屋町	壁じゅうに棚、その中にはたくさんの漫画。納豆ピラフがとても美味しい店です。
№985	南蛮茶屋	長崎・古川町	骨董品に囲まれた店内。トーストは珍しい丸い形。たまに響く柱時計に癒されます。
№986	ルパン	長崎・桜町	看板の絵柄からして期待が高まる店。陽の光がたっぷりと射し込み、美しい店内です。
№987	点燈夢詩(てんとうむし)	長崎・大黒町	トルコライスにカステラ、ミルクセーキと1軒で長崎名物を楽しめる便利なお店。
№988	カフェ 平井	長崎・万才町	ダンディなマスターが作るサンドイッチが有名。イチゴミルクセーキも綺麗です。
№989	こずえ	長崎・元船町	数年前、閉店予定だった喫茶店を、現マスターが居抜きで引き継いだ有難い店。
№990	ニューポート	長崎・万屋町	メニューの「おやじのコーヒー」は客が豆を挽く。あちこちから「ごりごり」と響きます。

熊本県

№991	純喫茶 シグナル	熊本・中央区	森をイメージした奥にあるスペースが素晴らし過ぎ、完璧な空気感に言葉を失います。
№992	中川	熊本・中央区	甘いピーナツバタートーストを想像してたら、程よい甘みに塩味がきいて絶品でした。
№993	ラフタイム	熊本・中央区	期待を裏切らない琥珀色の空間に、明るい笑顔の女性。バナナジュースがお薦めです。
№994	セカンドタイム	熊本・大江	丸いレモンが浮かぶ炭酸水を飲んで、カレーを頼むと家庭的で素朴な美味しさでした。
№995	モントレ	熊本・大江	→ P42掲載
№996	カフェ グレコ	熊本・新町	入口に立つコックの人形が洋食屋のよう。店内では、にこやかな家族が迎えてくれます。
№997	まついし	熊本・新町	入ると広い空間で、何組かの人たちがゆったりと午後のひとときを楽しんでいました。
№998	COFFEE INN 珈琲人	熊本・上通町	「珈琲人」というユニークな店名。天井がアーチを描いた空間が居心地の良い店でした。
№999	純喫茶 ビギン	熊本・市役所前	ゆったりと広く、遠慮のいらない店。マッチ箱のデザインが想像以上に素敵な店でした。
№1000	ぶらうん	熊本・花畑町	看板の「ご存知　うまい！　コーヒー」がお気に入りです。画廊喫茶独特の雰囲気も素敵。

沖縄県

№1001	インシャラー	那覇・牧志	「アラビアのようだ」と感じました。ダッチコーヒーのパフォーマンスも有名です。
№1002	純喫茶 リバーサイド	中頭郡・読谷村	かき氷は赤と緑のシロップ。「夏は3色ですが1色切らしてて」と笑うマスターが素敵。

純喫茶で育ち働き恋をして。金沢からお茶の水。

石黒謙吾（著述家・編集者）

この本を手にしたあなたならば、純喫茶にまつわる、華やぐような、もしくは甘酸っぱかったり苦かったりする記憶のかけらがいくつもあるだろう。僕にとっては最上の思い出が「名曲珈琲 丘」だ。「うちは、東洋一の規模なんだぞ」と、面接に行った日に「支配人」（マスターというスケール感ではない）から聞かされていたそのお店が。

焦げ茶色の木の造作が美しい螺旋階段が地下から5階まで続き2000人収容。20人以上の団体専用の地下だけで200席あった。螺旋階段の横に、3階から1階まで吹き抜けるように下がる巨大なシャンデリアが圧巻で。本書の冒頭に紹介されている御徒町「丘」とは経営者が兄弟だったから造りの雰囲気はかなり似ている。けれど、シャンデリアは、18ページにある写真の5倍はゆうにあった。年に2度、その巨大なガラス装飾を掃除する際には、夜11時に閉店したあと男子店員10人ほどが総出で、吊り下がるガラス玉のチェー

御茶ノ水駅前・駿河台上にあった「名曲珈琲 丘」が閉店したのは1983年秋。いまや伝説となったその純喫茶は、70年代フォークの名曲「学生街の喫茶店」（ガロ）のモデルになった店と言われてもいるが、それは都市伝説か。なぜなら歌詞には「片隅で聴いていたボブ・ディラン」とあるけれど、クラシックしか流れていなかったのだから。

ンを一本一本外して薬液に浸けつつ、朝までシャンデリア掃除だけをやっていたほどだ。僕は、高校を出て金沢から上京後すぐの79年春、ここで働き始めた。インベーダーゲームが大人気、駿河台を歩く明大生女子がハマトラに身を包んでいた頃。

オープンカウンター内からお客さんを眺めながら、日々、珈琲を50杯ずつ何度も淹れ、１００食単位でナポリタンを炒める。プリンアラモードの笹形リンゴを10段以上に次々と切り、30個分のレシピでプリンを焼き、キャベツの千切りで指を血で染めた。ここで働きここで友ができ酒を飲み喧嘩をし、そして、いくつかの恋をした。3年半経ち、最後の店員のひとりとなる。

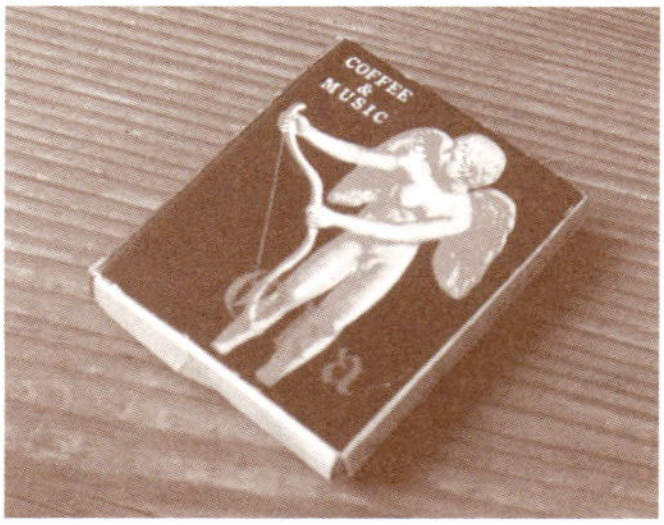

今思えば、「あんな素敵な場所に毎日身を置いていた幸せ」となるのだけれど、とにかく生きていくことに必死な若造は、そんな感慨にふける余裕などなかった。なんともったいない……。朝から夕方まで芸大浪人生として予備校、夕方からは、とてつもなく忙しい巨大純喫茶で、主にカウンターマン、ときにホールで接客という生活。

でも、当時は気付いていなかったが、毎日7時間、否応なしにクラシック音楽が染み込んでくるのは至上のやすらぎだったのかもしれない。入口近くに大きなガラス張りのレコード室。そこには、お客さんのリクエストを受けて、プレーヤーに針を落とすレコード係の女性店員が。その部屋の横から続く壁面すべてがガラス棚でレコードがぎっしり。おぼろげな記憶では、５０００枚あったような。毎晩8時に店内全部のゴミを出すのだが、その合図としてかかる「パッヘルベルのカノン」は、今聴いても「丘」の店内隅々が蘇ってくる。35年後の僕にとってあの曲が、純喫茶への憧憬そのものかもしれない。

そんな体験から無意識下で惹かれる純喫茶についてネット検索していたある時、難波里奈さんのブログ「純喫茶コレクション」に出逢う。全国を巡る純喫茶の紹介は気負いがなく、肩に力が入っておらず心地良かった。文面の端々から、ああ、この方は若いようだけど、心から純喫茶が好きなんだな、とわかる。そうして数年ちらちらと見ているだけだったが、2013年春、書籍『純喫茶コレクション』を購入するとすぐ、「本をプロデュース・編集させて頂けませんか?」とアポを取った。惜しい! と強く思ったから。

小さくてかわいく、素敵な仕上がりの本ではあったけれど、膨大に訪れている軒数も、写真のカット数も、文章の長さも、純喫茶ラバーとしてはことごとく物足りない。これでは難波さんからこぼれ落ちている純喫茶愛がもったいないな、というのが正直な感想。ならばさらにゴリッとした、純喫茶という文化と魅力を後世に残すような本を作りたいと。

そういう経緯で2014年夏には刊行が決定。純喫茶について考えることが増えると、記憶の隅に追いやられていた幼い頃の思い出が逆流してくる。当時、金沢は人口比の喫茶店数が全国でトップだったと聞いたことがあるが、たしかに市内のそこかしこに喫茶店があった。さらには、金沢市民が珈琲にかける金額が全国1位だそうだが、それも実感できる暮らしぶり。

父親は社会人として逸脱した貧しい自由人だったが、マイカップをキープしている店もあったほど喫茶店が大好きだった。香林坊裏の保育園に僕を迎えに来た帰り道、パチンコ屋に一緒に入って少し勝つと、よく喫茶店に連れて行かれた。今もある「純喫茶ローレンス」がオープンしたのはちょうどその頃。他に、2006年になくなった片町「ぼたん」など、小学校に入る前からたくさんの店に行った。その頃はさすがに珈琲ではなくクリームソーダがお決まりで、緑色の泡をぐるぐるかき混ぜてアイスクリームをゆっくりと溶かしながら大人たちの会話に聞き耳を立てる。金華山ゴブラン織の椅子に座り野球の話をする営業マンたちがいる。出勤前のクラブのお姉さんは香水の匂いを漂わせてピンク電話から電話をかけている。

時に父と並んでカウンターに座り、白いワイシャツ姿のマスターがサイフォンで珈琲を淹れる一挙一動に見入っていた。子供心に、そんな、かっこつけない日常風景が織り込まれた純喫茶は、心落ちつく居場所として僕の中に定まっていったのだろう。そして記憶はさらに巡り巡る。

2番目の母親を父に紹介されたのは繁華街の純喫茶だった。5歳かな。そうだ、3番目の母の時も12歳でまったく同じ状況、場末だがやはり純喫茶だったじゃないか……。考えてみると、人生の節目となった大きなステージがそこだったのか。じわっとそんなことに思い至る。

初めて足を踏み入れてから50年、純喫茶は僕の中に一軒一軒、記憶という形で残ってきた。みなさんも同じように、純喫茶にゆったりと身も心も委ねた記憶を、ひとりひとりの中で無形の存在として大切にしているはず。

しかしその素敵な居場所がどれだけ好きであっても、現実として、なかなか時間を割いて多くのお店に行けるものじゃない。みなさんの大部分がそうだろうし、僕も同じ。

だから。こうして1000軒を超える貴重な記録を、いや、心弾ませる記憶を、形に残してくれる難波さんに最上級のリスペクトを捧げたい。

今、こうしてこの本に出逢い、難波さんの心の中にある純喫茶を一緒に巡っているあなたと僕は、とても幸せ。

おわりに

『純喫茶へ、1000軒』を手に取ってくださったみなさま、本当にありがとうございます。気が向いた時にぱらぱらとページをめくり、この本が、ご自分の好きな雰囲気の漂う純喫茶へ足を運ぶきっかけになればと願っています。

純喫茶に夢中になった十数年前は、今よりインターネット上の情報も少なかったので、まだ見ぬ純喫茶に出会うためには、ひたすらに歩いて探すしかありませんでした。

その習慣が今でも残っていて、時間のある時には路線図を片手に知らない駅で下車して、疲れるまでただひたすらに周辺を歩き回り、出会った純喫茶に時間の許す限りお邪魔する、というスタイルをとっています。

私が純喫茶巡りに持参しているのは、ずっとこの3つでした。

1．路線図（知らない駅や街を探すため）

2．カメラ（お店の方に許可を頂けたら他のお客様の迷惑にならないように記録を）

3．ウェットティッシュ（店名入りの紙おしぼりに出会った時には未使用の状態で頂けるようお願いし、その代わりにこれを）

最近はここに「ストロー」も加わり4つとなりました。理由は3に同じくです。

純喫茶は、その街を知るための手がかりのような場所であると思っています。
そこにしかない場所、そこにしかいない店主、そこでしか食べられないメニュー……。
そして、純喫茶での何気ない時間としてあとでふと思い出すのは、一緒に訪れた友人、常連のお客様、お店のマスター、などとの何気ない会話だったりするのかもしれませんね。

明日もまた、どこかの純喫茶で、お会いしましょう。
その時は、珈琲でそっと乾杯を。

Profile
難波里奈　なんば・りな

東京喫茶店研究所二代目所長。東京生まれ・東京育ち。
現在、日本橋に勤務の会社員でありながら、仕事帰りや休日にひたすら訪ねた純喫茶は1300軒以上に。
学生時代に、「昭和」の影響を色濃く残す家具・雑貨・洋服などに夢中になり、
当時の文化遺産でもある純喫茶の空間を、日替わりの自分の部屋として楽しむようになる。
その後も、東京を中心に全国の純喫茶を巡り、ブログ「純喫茶コレクション」に店内の様子や
訪問時の記録を綴っている。2012年には、初の著書『純喫茶コレクション』（PARCO出版）を上梓。
純喫茶の扉を開ける瞬間が至福の時。純喫茶の魅力を広めるためマイペースに活動中。

ブログ「純喫茶コレクション」 http://retrocoffee.blog15.fc2.com/

Staff
【撮影・文】難波里奈（純喫茶コレクション）
【プロデュース・構成・編集】石黒謙吾
【デザイン】寄藤文平 + 鈴木千佳子（文平銀座）
【手描き文字】北谷彩夏
【校正】牟田都子（栞社校正室）
【マッチ箱撮影】松村秀雄（p30〜31、p62〜63、p94〜95）
【編集】小村琢磨（アスペクト）
【制作】ブルー・オレンジ・スタジアム

【スペシャルサンクス】
純喫茶を日々営むみなさま、純喫茶を愛するみなさま、
いつも応援してくださる周囲のみなさまへ。

純喫茶へ、1000軒
2015年8月19日 第1版第1刷発行
2015年9月18日 第1版第2刷発行

【著者】難波里奈
【発行人】高比良公成 【発行所】株式会社アスペクト
〒110-0005 東京都台東区上野7-11-6 上野中央ビル6階
【電話】03-5806-2580 【ファクシミリ】03-5806-2581 【ホームページ】http://www.aspect.jp
【印刷所】中央精版印刷株式会社

 ISBN978-4-7572-2394-3